26 stratégies
pour transformer
son emploi
en travail idéal

Catalogage avant publication de la Bibliothèque nationale du Canada

Kaye, Beverly L.

26 stratégies pour transformer son emploi en travail idéal

Traduction de : *Love It, Don't Leave It*.

1. Satisfaction au travail. 2. Plan de carrière. 3. Qualité de la vie au travail. I. Jordan-Evans, Sharon. II. Titre. III. Titre : Vingt-six stratégies pour transformer son emploi en travail idéal.

HF5549.5.J63K3914   2004   658.3'1422   C2004-940958-1

DISTRIBUTEURS EXCLUSIFS :

- Pour le Canada
  et les États-Unis :
  MESSAGERIES ADP*
  955, rue Amherst
  Montréal, Québec
  H2L 3K4
  Tél. : (514) 523-1182
  Télécopieur : (514) 939-0406
  * Filiale de Sogides ltée

- Pour la France et les autres pays :
  INTERFORUM
  Immeuble Paryseine, 3, Allée de la Seine
  94854 Ivry Cedex
  Tél. : 01 49 59 11 89/91
  Télécopieur : 01 49 59 11 96
  Commandes : Tél. : 02 38 32 71 00
  Télécopieur : 02 38 32 71 28

- Pour la Suisse :
  INTERFORUM SUISSE
  Case postale 69 - 1701 Fribourg - Suisse
  Tél. : (41-26) 460-80-60
  Télécopieur : (41-26) 460-80-68
  Internet : www.havas.ch
  Email : office@havas.ch
  DISTRIBUTION : OLF SA
  Z.I. 3, Corminbœuf
  Case postale 1061
  CH-1701 FRIBOURG
  Commandes : Tél. : (41-26) 467-53-33
  Télécopieur : (41-26) 467-54-66
  Email : commande@ofl.ch

- Pour la Belgique et le Luxembourg :
  INTERFORUM BENELUX
  Boulevard de l'Europe 117
  B-1301 Wavre
  Tél. : (010) 42-03-20
  Télécopieur : (010) 41-20-24
  http://www.vups.be
  Email : info@vups.be

Pour en savoir davantage sur nos publications,
visitez notre site : **www.edhomme.com**
Autres sites à visiter : www.edjour.com
www.edtypo.com • www.edvlb.com
www.edhexagone.com

© 2003, Beverly Kaye et Sharon Jordan-Evans

© 2004, Les Éditions de l'Homme,
une division du groupe Sogides,
pour la traduction française

L'ouvrage original américain a été publié
par Berrett-Koehler Publishers, Inc.,
sous le titre *Love It, Don't Leave It*

Tous droits réservés

Dépôt légal : 3e trimestre 2004
Bibliothèque nationale du Québec

ISBN 2-7619-1915-7

Gouvernement du Québec – Programme de crédit d'impôt pour l'édition de livres – Gestion SODEC – www.sodec.gouv.qc.ca

L'Éditeur bénéficie du soutien de la Société de développement des entreprises culturelles du Québec pour son programme d'édition.

Nous reconnaissons l'aide financière du gouvernement du Canada par l'entremise du Programme d'aide au développement de l'industrie de l'édition (PADIÉ) pour nos activités d'édition.

Beverly Kaye
Sharon Jordan-Evans

26 stratégies

pour transformer son emploi en travail idéal

Traduit de l'américain par Marie-Luce Constant

LES ÉDITIONS DE L'HOMME

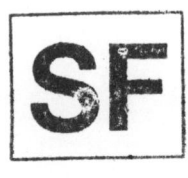

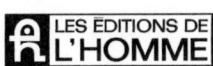

*À mes parents, Mollie et Abe Kaye, qui m'ont appris
le sens de l'amour et qui continuent, aux âges vénérables
de quatre-vingt-sept et quatre-vingt-neuf ans,
de m'enseigner toutes ses nuances.*
BEVERLY

À l'autre extrémité du spectre des générations…

*À ma première petite-fille, Emma, qui illumine
mon existence de son sourire et qui incarne
pour moi la bonté fondamentale de l'humanité.*
SHARON

Remerciements

Une fois de plus, nous avons pu constater à quel point la collaboration de nombreux amis et collègues nous était précieuse. Nous avons particulièrement apprécié la sagesse de Ray Halagera, la franchise de Diana Koch, de Shelby Earl et de Tara Mello, les conseils avisés de Katherine Reynolds, de Marilyn Greist et de Brad Walton. Nous avons continuellement soumis nos idées à Ann Jordan, à Bev Olevin, à Sandy LoSchiavo et à Lorianne Speaks. Toutes ces personnes nous ont aidées à demeurer dans le vif du sujet.

Nous avons eu la chance de bénéficier du soutien perpétuel de Career Systems. Nous remercions chaleureusement le personnel du siège social de Scranton, qui nous a apporté une aide enthousiaste, ainsi que l'équipe de ventes à l'étranger, grâce à laquelle notre livre a pris sur le marché la place qui lui revenait de droit.

Beverly remercie Barry et Lindsey qui, chaque soir, au moment du dîner, n'ont pas hésité à discuter des titres et ont rarement perdu patience. C'est votre appui qui me permet d'être ce que je suis.

Sharon remercie ses quatre enfants – Matt, Kellie, Travis et Shelby – de leur soutien et de leur enthousiasme, ainsi que son époux, Mike, qui a lu chaque ébauche et fait preuve d'une bonne volonté sans faille. Ta créativité, tes anecdotes et ton apport sincère m'ont aidée à rédiger un livre dont je suis fière.

Enfin, ce livre n'aurait jamais vu le jour sans la collaboration des lecteurs de *26 stratégies pour garder vos meilleurs employés*, qui nous ont encouragées à écrire un nouveau livre, à l'intention, justement, des employés. Beaucoup ont lu nos premières ébauches et nous ont assuré que nous étions sur la bonne voie. Nous espérons que ce livre vous aidera à trouver ce que vous cherchez vraiment, là où vous êtes.

Avant-propos

Avez-vous déjà songé qu'il serait merveilleux de travailler si seulement :
- ✓ vous disposiez d'une gamme plus étendue de débouchés professionnels ?
- ✓ vous pouviez consacrer plus de temps à votre famille ?
- ✓ votre rémunération était meilleure ?
- ✓ on ne vous obligeait pas à travailler avec un abruti ?
- ✓ votre travail n'était pas si ennuyeux ?
- ✓ vous trouviez tous les matins sur votre bureau une boîte de truffes au chocolat ?

L'herbe est-elle plus verte chez le voisin ? Il vous arrive sûrement de vous poser la question. Rassurez-vous, vous êtes loin d'être le seul.

Trop de gens abandonnent un emploi parce que quelque chose ne va pas ou parce qu'ils n'en retirent pas suffisamment de satisfaction. Ils abandonnent pour de bon, en démissionnant. Ou ils abandonnent psychologiquement, en remplissant leurs tâches comme des robots. Ultérieurement, beaucoup finissent par regretter d'avoir abdiqué (d'une façon ou d'une autre).

Et s'il existait une autre voie ? S'il était possible d'aimer son travail ou de recommencer à l'aimer ? (Par « aimer », nous entendons « se passionner », et non pas simplement « tolérer ».) Et si vous

vous leviez chaque matin dans la joie de retourner au travail ? Et si votre emploi éveillait votre enthousiasme ? Et s'il faisait appel à votre créativité ? Et si vous vous sentiez apprécié ? Peut-être pensez-vous que cela arrivera lorsque les poules auront des dents… Eh bien, vous avez tort !

La satisfaction professionnelle a deux sources distinctes. Naturellement, elle exige un effort de la part de votre employeur. (Nous avons déjà publié quelques livres à ce sujet.) Mais vous aussi, vous avez un rôle à jouer, dans lequel vous devrez faire preuve d'initiative.

Nous sommes fermement convaincues non seulement qu'il est possible d'apporter un changement positif à la situation, mais aussi que cela en vaut vraiment la peine. Nous sommes sûres qu'en prenant quelques mesures réfléchies vous parviendrez à retirer plus d'avantages de votre travail actuel.

Nous avons demandé à plus de 15 000 personnes pourquoi elles conservaient leur emploi. Voici les cinq raisons principales que nous avons cernées, à travers tout l'éventail des secteurs d'activité :

- un travail passionnant et stimulant ;
- la possibilité d'apprendre et de croître ;
- la qualité des collègues ;
- le salaire ;
- la qualité du supérieur immédiat.

Parmi toutes ces raisons, laquelle vous motive le plus ? Qu'est-ce qui vous manque ? Nous espérons que ce livre vous permettra de l'obtenir un peu plus facilement.

Les conseils, les outils et les suggestions que vous trouverez dans ce livre reposent sur nos recherches et nos entretiens avec des personnes actives, dans le monde entier. Cinq messages clés forment la trame de chaque chapitre :

Ce que vous recherchez est peut-être déjà là. Il vous suffit peut-être de mieux cerner ce que vous voulez vraiment et de partir à sa recherche. Regardez autour de vous avant d'aller ailleurs. Apprenez à réclamer ce dont vous avez besoin.

Vous êtes maître de votre destin. Au bout du compte, c'est vous qui êtes responsable de votre situation et de votre satisfaction professionnelle. Ne comptez pas sur vos supérieurs pour lire vos pensées ou sur votre entreprise pour vous procurer le bonheur suprême. Les autres ont un rôle à jouer, certes. Mais c'est avant tout à vous qu'il incombe de résoudre les problèmes et de découvrir ce qui ne va pas ; ce contrôle vous appartient.

Il existe (au moins) vingt-six façons de prendre l'initiative. Naturellement, ce qui se révélera efficace pour l'un ne conviendra pas forcément à l'autre. C'est pourquoi nous avons dégagé des douzaines d'options.

N'attendez pas. La satisfaction professionnelle ne viendra pas à vous, c'est à vous d'aller vers elle ! Au lieu de vous contenter d'un emploi qui ne vous convient pas, prenez des mesures pour améliorer votre situation. N'attendez pas que les autres le fassent à votre place.

L'herbe vous paraît plus verte ailleurs ? *En êtes-vous sûr ?* Nous avons trop souvent tendance à abandonner un emploi pour un autre, qui se révélera tout aussi peu gratifiant. Peut-être y découvrirons-nous les mêmes facteurs de frustration, les mêmes problèmes, les mêmes déceptions, ou pis encore. Avant de faire le premier pas vers la porte, faites quelques vérifications.

Voici ce que nous vous offrons dans ce livre :

Des suggestions : Nous avons accumulé conseils, outils et suggestions, et nous vous les présentons de chapitre en chapitre. Nous vous suggérons de commencer par les deux premiers. Ensuite, lisez ceux qui vous intéressent, dans l'ordre qui vous convient. Si, après avoir mis en œuvre toutes nos suggestions, vous avez encore l'impression de vous morfondre dans une entreprise qui ne vous convient pas, relisez le dernier chapitre avant de prendre la décision de changer d'emploi.

Des anecdotes : Les idées présentées dans les pages qui suivent nous ont été offertes par les innombrables personnes que nous avons interrogées ou aidées, ou avec lesquelles nous avons eu l'occasion de travailler. Nous avons entendu des histoires de réussite, mais aussi des histoires d'échec ou de regrets. Certaines vous aideront à résoudre votre problème ou vous donneront des idées créatives.

La vérité… sur le tee-shirt : Avez-vous déjà lu un message imprimé sur un tee-shirt et hoché la tête en marmonnant : « Ça, c'est bien vrai ! » ? Nous avons recueilli quelques-uns de ces messages bien sentis. Nous avons regardé dans les placards, arpenté les aéroports, les bars, les plages et assisté à plusieurs réunions familiales. Nous avons fouillé dans nos souvenirs et ceux des autres. Cela nous a permis de réunir vingt-six messages pertinents.

Aperçu au bord d'une rivière.

En tant qu'adultes, nous consacrons au travail une partie importante de notre journée. Ce livre devrait être pour vous une sorte de manuel d'entretien, que vous pourrez relire régulièrement.

Cornez les pages et surlignez les idées qui vous paraissent intéressantes. Nous l'avons écrit parce que nous y croyons. La satisfaction professionnelle vous attend au détour du chemin que vous prenez tous les jours.

Introduction

« Si ça ne s'arrange pas, j'abandonne ! »

Nous avons tous affirmé cela, à un moment ou à un autre, ce que soit à propos de notre emploi, de notre mariage, d'une relation amicale, de l'apprentissage d'un sport ou de l'acquisition de nouvelles compétences. Parfois, cela ne va pas aussi loin : nous éprouvons simplement un sentiment d'insatisfaction et nous aimerions que la situation évolue. Tout irait bien… à une exception près.

Au travail, l'accumulation de ce genre de sentiments nous conduit en général à démissionner ou à nous désintéresser de notre travail.

> J'allais tous les jours au bureau, mais je n'étais pas très productif. Aujourd'hui, je comprends à quel point mon attitude devait être démoralisante, non seulement pour moi, mais encore pour mes collègues, mes amis et ma famille. Chaque semaine me semblait durer une éternité, j'en perdais ma confiance en moi. Je ne me laisserai plus jamais piéger de cette façon. J'ai appris à dégager les problèmes dès qu'ils se présentent et à prendre des mesures pour améliorer la situation. La vie est trop courte pour appréhender les lundis !

Certains d'entre nous ont besoin de temps (parfois trop !) avant de se décider à démissionner. D'autres, au contraire, abdiquent beaucoup trop vite.

> J'ai décidé de changer d'emploi, mais je me suis aperçue que l'herbe n'était pas plus verte chez le voisin. En définitive, je suis revenue un an plus tard. Mais aujourd'hui, je suis prête à essayer de régler les problèmes au lieu d'abdiquer.

Certaines personnes recherchent la satisfaction professionnelle. Elles s'attendent à aimer leur travail, à entretenir des relations productives avec leurs collègues et leurs employeurs. Elles sont prêtes à faire des efforts pour obtenir ce qu'elles désirent.

D'autres, en revanche, attendent.

Qu'attendez-vous au juste ?
Que votre supérieur parte le premier ?
Que la récession se termine ?
Que quelqu'un mette de la vie au bureau ?
Que votre abruti de collègue devienne soudain intelligent ?
Que les ressources humaines vous
donnent des idées de carrière ?
Que le patron vous assure
que vous ne perdrez pas votre emploi ?
Qu'on vous confie une mission agréable ?
Que votre supérieur rende votre tâche plus plaisante ?
Que votre employeur s'intéresse à vos besoins ?
Eh bien, si c'est le cas,
vous risquez d'attendre longtemps !

Êtes-vous prêt à cesser d'attendre ? Dans l'affirmative, nous vous offrons des idées intéressantes et efficaces dans les chapitres suivants. Nous espérons que vous les mettrez en pratique.

Qu'est-ce que l'amour a à voir là-dedans ?

L'amour a tout à voir lorsqu'il s'agit du travail. Nous passons la majeure partie de notre vie au travail. Il est donc préférable d'aimer ce que nous faisons, sous peine d'être malheureux ou, à tout le moins, de nous ennuyer à mourir. Lorsque nous aimons notre travail, notre énergie, notre créativité et notre sens de l'engagement sont stimulés. Nous entamons chaque journée avec plaisir et nous sommes heureux de retrouver nos collègues, nos supérieurs, notre cadre de travail, etc. Nous nous sentons productifs. Nous avons l'impression de réaliser quelque chose. Nous apprenons. Et, pour couronner le tout, nous sommes satisfaits.

En demeurant à notre poste, nous accumulons un avoir unique. Prenons l'exemple de votre emploi actuel. Qu'avez-vous accumulé jusqu'à maintenant ?

- **Des compétences :** Avec le temps, vous avez acquis des compétences et des connaissances qui suscitent le respect de vos collègues et leur permettent de compter sur vous.
- **Des amitiés :** Vous avez noué des relations étroites avec certains de vos collègues, qui font pratiquement partie de la famille, ainsi qu'avec quelques clients de votre entreprise, que vous voyez toujours avec plaisir.
- **De l'influence :** Vous savez vous faire entendre, vous avez appris à tirer profit de vos relations professionnelles, vous disposez de ressources qui vous permettent d'accomplir correctement votre travail.

- **De l'argent:** Il ne s'agit pas seulement de votre salaire, mais aussi des investissements, des primes, des cotisations, des régimes collectifs d'assurance, du régime de retraite, voire de certains privilèges, par exemple une place de stationnement. Tout cela est le fruit de vos connaissances et de votre dévouement.

Nous recherchons parfois l'amour là où il ne se trouve pas

Il nous arrive d'abandonner toutes ces valeurs, trop vite, sans réfléchir à ce que nous laissons en arrière ni au temps qui sera nécessaire pour rebâtir cet avoir. Et il n'est même pas dit que nous obtiendrons ailleurs ce que nous possédons ici.

> Je revois de temps à autre mes anciens collègues. L'ambiance de la boîte me manque. D'ailleurs, tous me disent que, grâce à l'arrivée d'une nouvelle équipe de gestion, la situation s'est nettement améliorée.

> J'ai plus de liberté ici, mais je suis beaucoup plus stressée. Tout se paye, la perfection n'existe pas.

> Chaque fois que j'ai changé d'emploi, mon salaire a augmenté et mon travail s'est révélé plus intéressant. J'étais très content. Mais la quatrième fois, mon salaire a commencé à stagner, le travail est devenu plus routinier et j'ai même dû accepter une baisse de rémunération à un moment donné. Aujourd'hui, mes anciens collègues qui ont travaillé pour la même boîte pendant des années sont sur le point de prendre une retraite dorée. Je

me demande ce que j'ai finalement gagné à sauter d'un emploi à l'autre.

✦

Bien sûr, je regarde ailleurs de temps à autre. Mais j'aime me sentir chez moi, bien enraciné dans un milieu qui m'est familier. Cette entreprise est pour moi une seconde famille. Je connais tout le monde, tout le monde me connaît. Nous avons traversé ensemble le meilleur et le pire.

Trop souvent, nous attendons que les autres nous incitent à rester ou nous abdiquons trop vite.

C'est à mon patron de faire en sorte que je sois satisfait de mon travail.

✦

Mes employeurs ne me laisseront jamais la latitude dont j'ai besoin pour travailler.

✦

Il est plus facile de changer d'emploi que de s'accrocher.

✦

Je suis sur le point de prendre ma retraite. Je n'ai plus vraiment besoin d'aimer mon travail.

Les commentaires de ce genre contiennent tous une parcelle de vérité : les supérieurs ont un rôle à jouer : en effet, l'absence de latitude nous bride ; certains problèmes sont insolubles, auquel cas il est préférable de partir.

Mais souvent, il est préférable de rester.

Le monde change

Notre vie professionnelle est en évolution constante, exactement comme notre vie personnelle. Parfois, lorsque nous sommes heureux et satisfaits, un changement se produit. Le travail, l'employeur, le patron, les collègues, les clients, l'entreprise, l'économie, la concurrence, le monde… tout cela évolue. Vous aussi. La patronne que vous appréciez tant est mutée, la compagnie est achetée par un concurrent, votre travail finit par vous lasser ou les dirigeants de l'entreprise changent… tout cela sous vos yeux.

Si tel est le cas, au lieu de vous déconnecter ou de quitter le navire :

*Lisez les deux premiers chapitres.
Puis, parcourez la table des matières afin d'y trouver
les chapitres qui décrivent le mieux votre situation.*

Inspirez-vous d'une anecdote, essayez de répondre à quelques-unes des questions que nous posons, cochez les rubriques d'une liste. Accepteriez-vous de changer quelque peu d'attitude ? Y a-t-il une petite suggestion qui vous paraît judicieuse ? Ensuite, passez à un autre chapitre.

**Soit vous prenez ce que vous désirez, soit vous
vous contentez de ce que vous avez.
Nous croyons que vous trouverez ce que
vous cherchez là où vous êtes.
Et vous ?**

Chapitre 1

Demandez et vous recevrez

Si vous ne demandez rien, il est fort probable que vous obteniez… bien peu de chose ! Pour recevoir, il faut demander. Cela paraît si simple, et pourtant les gens hésitent. Certains espèrent que leurs supérieurs liront leurs pensées ; d'autres se contentent de peu et passent leur journée au travail le cœur absent et l'esprit ailleurs. D'autres encore estiment qu'il vaut mieux partir que de réclamer quoi que ce soit. La plupart des gens finissent par comprendre que, quelles que soient leurs conditions de travail, à un moment donné, ils désireront quelque chose de plus. Et le meilleur moyen de l'obtenir, c'est de le demander.

> *Si vous ne demandez rien, rien ne changera.*
> ANONYME

Vos supérieurs veulent connaître votre avis

Si vous avez un bon rendement, il est fort probable que vos supérieurs aimeraient savoir ce qu'ils peuvent faire pour vous garder. Ils n'ont aucun désir de vous perdre ni de vous voir bâiller toute la journée. Ils souhaitent que vous restiez au travail, l'esprit alerte et productif.

> Il lui aurait suffi de demander. J'aurais répondu : « Voyons ce que je puis faire pour vous. Discutons-en. Cela profitera également à vos collègues. » Mais au lieu de réclamer quoi que ce soit, il a quitté le bateau. Je suis très déçu. Nous avions vraiment besoin de lui. Son avenir ici était assuré.

Êtes-vous prêt à avoir une conversation courageuse et sans détour avec votre supérieur ? avec l'un de vos collègues ? avec un dirigeant de l'entreprise ? Êtes-vous prêt à réclamer ce que vous désirez vraiment ? Voici un exemple :

> J'envisageais de démissionner plutôt que de demander un congé de longue durée pour participer à un programme d'études à l'étranger. En effet, une requête de ce genre me paraissait exagérée. J'étais certaine que l'on refuserait ma demande, d'autant plus que nos effectifs étaient insuffisants et que notre service venait de traverser une période de stress intense. Mais j'adorais mon emploi et j'avais la chance d'avoir un supérieur extraordinaire. Je n'avais pas envie de partir. J'ai demandé conseil à un ami, j'ai concocté un plan d'action et je l'ai mis en œuvre.
>
> J'ai expliqué à mon supérieur que j'avais une grande faveur à lui demander, mais que cela me rendait très nerveuse. J'ai décrit en détail le programme d'études, les avantages pour mon travail et pour celui de mon équipe : une perspective mondiale et des qualités de chef. Dans notre domaine, il s'agit d'atouts très précieux.

J'ai ensuite décrit sept obstacles à mon projet et je lui ai demandé d'en ajouter d'autres. Puis je lui ai fait part de quelques solutions. Par exemple, l'une des difficultés consistait à trouver et à former un stagiaire pour me remplacer. J'ai également promis de discuter avec lui et avec mon équipe de tous les autres problèmes éventuels.

Une fois que j'ai eu terminé, il a hoché la tête : « D'accord. » Je suis restée complètement figée sur ma chaise. Il m'a révélé avoir été impressionné par ma démarche réfléchie et mon courage (il avait deviné mon angoisse). Je l'ai remercié ce jour-là et maintes fois depuis. Nous avons réglé tous les détails au cours des deux mois qui ont suivi. Je me suis inscrite au programme d'études et j'en suis revenue régénérée.

Demander un congé plutôt que de démissionner était vraiment la meilleure solution et nous en sommes tous les deux conscients. Je le remercie tous les jours en accomplissant mon travail du mieux possible.

À qui demander ? Que demander ? Comment vous y prendre ? Pour répondre à ces questions, suivez les étapes suivantes.

Étape 1. Soyez clair et précis

Je me sentais vaguement insatisfait. J'en aurais bien discuté avec quelqu'un, mais je ne savais pas exactement ce qui n'allait pas. Maintenant, j'ai compris. Ce que je désire, c'est que mon travail soit reconnu. Et je ne parle pas d'argent. Naturellement, je ne refuserais pas une hausse de salaire, mais ce que j'aimerais, c'est que ma

> supérieure me dise merci un peu plus souvent, notamment lorsque j'accepte de faire des heures supplémentaires ou après que j'ai mené à terme une tâche importante. J'ai besoin de savoir qu'elle m'apprécie et qu'elle est satisfaite de mon travail.

Que désirez-vous ? Allez jusqu'au fond de votre pensée. Pour ce faire, **posez-vous les questions suivantes** :
- Quels aspects de mon travail m'incitent à sauter du lit chaque matin ?
- Quels aspects de mon travail me poussent à somnoler ?
- Si je démissionnais après avoir gagné à la loterie, quels aspects de mon travail me manqueraient le plus ?
- Que faudrait-il changer à mon rôle actuel pour m'inciter à demeurer longtemps dans cette entreprise ou cet organisme ?
- Si j'avais une baguette magique, que changerais-je en premier à mon équipe ou à mon service ?
- Si je devais revenir en arrière, lequel des emplois que j'ai occupés et que j'ai conservés longtemps aimerais-je retrouver ? Pourquoi ?

En répondant à ces questions, vous saurez enfin ce que vous voulez. Les autres chapitres de ce livre vous permettront d'étoffer votre « liste de souhaits ». **Après les avoir lus, revenez à ce chapitre-ci**.

Étape 2. À qui demander, à quel moment et comment le faire ?

Qui est en mesure de vous aider à obtenir ce que vous désirez ?
- ✓ Les personnes qui détiennent des informations dont vous avez besoin ?

✓ Des collègues qui savent écouter et donner de bons conseils ?
✓ Des décisionnaires (votre supérieur ?) ?

Comment et à quel moment leur faire part de vos désirs ? Étudiez leurs préférences.
✓ Devriez-vous solliciter un entretien par courriel, par téléphone ou de vive voix ?
✓ Tôt le matin ou à l'heure du déjeuner ? Le lundi ou plus tard dans la semaine ?

Comment aborder le sujet ? Voici quelques idées :
✓ Allez droit au but. Remerciez votre vis-à-vis de vous consacrer ce temps et précisez que vous avez une faveur à lui demander.
✓ Soyez précis, décrivez exactement ce que vous désirez. De quoi avez-vous besoin ? De conseils ? De commentaires ? D'un nouveau défi ?

Étape 3. Cernez les obstacles, puis aplanissez-les

Les obstacles revêtent des formes diverses. En voici quelques-uns, parmi les plus courants :
✓ **La peur**. Vous empêche-t-elle de demander ? De quoi avez-vous peur ? De la réponse ? De la personne ? De quelque chose d'autre ?

> Je me souviens d'avoir lu quelque part que « nous devrions affronter nos peurs et aller de l'avant ». J'imagine que l'auteur sous-entendait « du moins si cela ne met pas notre vie en danger ». C'est ainsi qu'après quelques nuits blanches et plusieurs répétitions avec mon ami, j'ai brûlé mes

vaisseaux. Finalement, c'était loin d'être aussi terrifiant que je l'imaginais. Je m'en suis sortie vivante et j'ai bon espoir d'obtenir ce que je désire.

C'est simple : Regardez votre peur en face, préparez votre plan d'attaque et foncez !

Le courage se définit par la résistance à la peur, la maîtrise de la peur, mais certainement pas par son absence.
MARK TWAIN

✓ **L'état d'esprit, les contraintes ou les préoccupations de votre supérieur ou des autres décisionnaires.** En effet, ces personnes ont souvent les mains liées par des règlements, des lignes de conduite, des politiques et des normes culturelles. En outre, elles doivent faire preuve d'équité.

Je savais qu'il appréhendait la réaction de mes collègues. J'ai dressé une liste de trois démarches possibles pour résoudre ce problème. Il en a trouvé une autre. Ensemble, nous avons informé l'équipe de sa décision, en nous y prenant de telle sorte que tous les collègues réagissent de manière très positive. Ils sont heureux d'avoir un patron qui les écoute lorsqu'ils font part de leurs désirs.

Cernez à l'avance les obstacles et dégagez des solutions qui contenteront tout le monde : vous, eux, l'équipe.

✓ **Les avantages pour votre supérieur.** Avant de soumettre votre requête, posez-vous quelques questions. « Qu'est-ce que mon patron y gagnera ? Y verra-t-il des avantages ? Mon vœu sera-t-il facile à exaucer ou, au contraire, très difficile ? » Ensuite, vous serez prêt à demander ce que vous voulez.

> Je voulais bénéficier de son expérience. Mais je savais qu'elle n'avait pas la moindre envie de s'encombrer d'un nouvel étudiant diplômé. Elle était très occupée, rarement au bureau. J'ai donc offert trois heures de recherche en échange d'une heure de mentorat. Elle a réfléchi un moment, puis elle a répondu : « D'accord. C'est une excellente idée. »

Faites en sorte que vos supérieurs y trouvent leur compte et vous aurez beaucoup plus de chance d'obtenir ce que vous désirez.

Et si la réponse est négative ?

En dépit de vos préparatifs et de votre réflexion, il vous arrivera de vous heurter à une réponse négative. Écoutez attentivement les raisons que l'on avance pour rejeter votre demande. Ensuite :

- Redemandez (en termes différents ou à un autre moment) ;
  OU
- Demandez ce que vous pourriez faire pour obtenir ce que vous voulez (proposez des séances de remue-méninges) ;
  OU
- Posez la question à quelqu'un d'autre (une autre personne serait-elle plus réceptive ?) ;
  OU
- Demandez ce qu'il serait possible de faire ;
  OU

- Demandez si vous auriez plus de chances de recevoir une réponse favorable si vous la soumettiez de nouveau, à un autre moment ; OU
- Demandez comment vous pourriez reformuler votre requête de manière qu'elle soit mieux reçue.

Quoi que vous fassiez, n'abandonnez pas.

> Le meilleur conseil que j'aie reçu émanait d'un vendeur.
> Il affirmait que chaque réponse négative le rapprochait
> de l'inéluctable réponse affirmative.

Et lorsque vous obtiendrez cette réponse affirmative, remerciez vos supérieurs, en paroles et en rendement !

La plupart des gens affirment qu'à bien y réfléchir, ils ont commis une erreur en s'abstenant de demander ce qu'ils désiraient. Certains croient qu'ils auraient dû présenter leur requête en termes plus convaincants, afin d'obtenir la collaboration d'un décisionnaire. Chaque chapitre de ce livre s'articule autour de ce thème : demandez ! C'est la clé de notre philosophie. N'attendez pas des autres qu'ils fassent le premier pas. Ne les laissez pas deviner, car les trois quarts du temps, ils se tromperont. Soyez clair et précis, préparez-vous soigneusement, sachez faire preuve d'un esprit de collaboration et demandez ce que vous voulez.

Si vous ne demandez pas, vous devrez vous contenter de ce que l'on vous donne.

Aperçu dans un marché aux puces.

**Si vous n'acceptez pas cette responsabilité,
vous ne vous rendrez jamais jusqu'au dernier chapitre.
Naturellement, les autres ont un rôle à jouer
dans votre succès et votre bonheur.
Mais le premier rôle, c'est vous qui l'avez.
Au bout du compte, c'est à vous qu'il incombe
de changer ce qui ne va pas et de savoir
exactement ce que vous voulez.**

Aperçu à un concert des Grateful Dead,
à la fin des années soixante.

Chapitre 2

Ne passez pas à côté : prenez-vous en main

Il y a des gens qui sont tentés de rendre les autres responsables de leur propre satisfaction professionnelle. La plupart finissent par constater que ces autres ne peuvent pas – ou ne veulent pas – prendre de mesures en ce sens. Au bout du compte, c'est nous qui choisissons notre carrière, nos supérieurs, notre équipe ou notre entreprise. Nous décidons de partir ou de rester et nous avons la capacité d'améliorer nos conditions de travail. Acceptez cette responsabilité ainsi que les défis qui l'accompagnent et vous pourrez plus sûrement obtenir ce que vous recherchez.

Vous êtes maître de votre destin

Avez-vous déjà entendu cela quelque part ? Peut-être trouvez-vous cette affirmation agaçante. Et pourtant, rien n'est plus vrai.

> Je m'attardais au lit, car c'était lundi matin et je n'avais pas la moindre envie de retourner au travail. J'ai quand

même fini par me lever. J'ai traîné dans la maison, j'ai bu une deuxième tasse de café, j'ai apporté du linge à la blanchisserie et j'ai poussé un soupir de soulagement lorsque je me suis retrouvé dans un embouteillage qui a retardé mon arrivée au bureau.

Quelques mois plus tard, j'ai conclu que si quelqu'un devait agir pour améliorer ma situation, c'était moi. Malheureusement, mon patron n'est pas le genre d'homme avec qui on peut discuter carrière et personne ne semblait avoir envie de m'offrir de nouveaux débouchés.

Un soir, j'ai invité ma femme au restaurant et je lui ai dit que j'avais l'intention de prendre des mesures pour changer quelque chose à cette situation. Soit je quittais la boîte, soit j'essayais d'améliorer mon sort. Nous avons passé trois heures à dresser la liste de toutes les possibilités qui s'offraient à moi et à discuter de plusieurs stratégies.

J'ai commencé dès le lendemain à étudier ces possibilités. J'ai demandé à mon patron s'il était possible de confier les tâches que je détestais à quelqu'un d'autre et d'assumer davantage de tâches qui me plaisaient. J'ai également discuté avec des collègues et un gestionnaire dans un autre service. J'ai réussi à trouver quelqu'un qui adore les tâches que je déteste! Avec mon patron, nous avons reformulé ma description de fonctions et celle de ma collègue. Je travaille toujours pour la même compagnie et pour le même supérieur. Mais 80 p. 100 de mes tâches quotidiennes ont changé.

Écoutez-moi bien : le dimanche soir, je suis maintenant tout content à l'idée de retourner au bureau le lendemain. Quel soulagement!

Qu'avez-vous fait dernièrement pour prendre votre situation en main ?

- ✓ J'ai soigneusement analysé mon travail et dressé la liste détaillée de ce que j'aime et n'aime pas. (Oui/Non)
- ✓ J'ai examiné la dernière évaluation de mon rendement et j'y ai trouvé un aspect de mon travail que je pourrais améliorer. (Oui/Non)
- ✓ J'ai eu quelques discussions productives avec mon conjoint, qui se montre compatissant et accepte de m'aider à dégager ce que je recherche dans mon emploi. (Oui/Non)
- ✓ J'ai clairement évalué mon rôle dans mes problèmes ou mon insatisfaction professionnelle. (Oui/Non)
- ✓ J'ai examiné et énuméré toutes les possibilités qui s'offrent à moi. (Oui/Non)
- ✓ J'ai distingué ce qui est possible de faire et ce qui ne l'est pas, dans le contexte de mon entreprise, du type de direction, des règlements en vigueur, etc. (Oui/Non)
- ✓ Je me suis jeté à l'eau…
    … et j'ai discuté avec des gens susceptibles de m'aider (Oui/Non)
OU
    … j'ai essayé quelque chose de nouveau. (Oui/Non)

Vous avez répondu non à une ou à plusieurs de ces options ? La solution est très simple : passez à l'action !

Même si vous êtes sur la bonne voie, quelqu'un finira par vous écraser si vous y demeurez trop longtemps.
WILL ROGERS

Prenez garde de ne pas pointer du doigt

Lorsque vous pointez quelqu'un du doigt, souvenez-vous qu'il y en a trois autres qui vous pointent à votre tour.

Il est si tentant de blâmer les autres de nos malheurs ! Pour la majorité d'entre nous, trouver des excuses à notre comportement ou pointer du doigt sont des réactions instinctives, humaines, normales. Mais leurs effets peuvent être bien différents de ceux que nous escomptions.

> C'est un cercle vicieux. Vous savez bien, on commence par blâmer l'un, puis l'autre, et, en fin de compte, on blâme tout le monde. J'étais prisonnier de ce cercle jusqu'à ce qu'un ami me suggère de cesser de geindre et de me considérer comme responsable de mes malheurs au travail. (Oui, il arrive que les amis vous disent la vérité !) J'ai compris que je m'ennuyais et que j'avais perdu tout intérêt pour mon travail. Ce n'était pas entièrement de ma faute, mais ce n'était pas non plus entièrement celle des autres. J'en ai discuté avec mon patron qui est tombé des nues. Lorsqu'il a compris mon problème, il m'a aidé à trouver des tâches plus stimulantes. J'ai recommencé à apprendre et, désormais, j'aime mon travail.

En définitive, c'est vous qui êtes responsable de votre satisfaction professionnelle. Ce message constitue la trame de tous les autres chapitres.

Chapitre 3

Planifiez votre carrière

Votre carrière, c'est vous qui la créez. C'est votre enfant. Quand avez-vous réfléchi pour la dernière fois à ses progrès ? Si vous ne vous en souvenez pas, c'est pour l'une ou plusieurs des raisons suivantes :

- Vous êtes trop occupé à remplir vos fonctions actuelles pour vous préoccuper des prochaines ;
- Vous ne savez pas ce que vous avez envie de faire ensuite ;
- Vous attendez que votre supérieur fasse le premier pas ;
- Vous jugez l'avenir trop incertain pour perdre votre temps à élaborer des projets.

Trop de gens se laissent dominer par ce type de raisonnement qui les freine, voire les paralyse. Ils attendent que l'avenir décide pour eux ou que leur supérieur élabore un plan de carrière à leur place. Ils attendent une révélation qui leur indique le prochain pas à faire. Ils attendent de pouvoir prendre un congé qui leur permettra de réfléchir à l'étape suivante. Sachez que c'est vous et vous seul qui pouvez prendre le temps d'orienter votre carrière comme vous l'entendez. Le résultat ? La satisfaction professionnelle.

Pendant douze ans, j'avais accompli consciencieusement mon travail. Je savais qu'un jour ou l'autre, j'aurais de l'avancement. J'attendais. Un jour, comme rien n'arrivait, j'ai finalement interrogé mon patron. Il m'a répondu : « Je suis navré, mais aujourd'hui, en sus de l'expérience, nous exigeons un certificat technique. » J'avais déjà constaté que certains de mes collègues avaient suivi ce cours, mais je ne pensais pas qu'il était si important. L'an dernier, je m'y suis décidé et j'ai obtenu le diplôme. Récemment, on m'a offert le poste que je désirais. Maintenant, je ne me gêne plus pour discuter de mes objectifs personnels avec mon patron et je cherche par tous les moyens à les atteindre.

Votre carrière vous appartient

N'oubliez jamais cela. Cette attitude vous permettra d'obtenir ce que vous désirez. Prenez des mesures pour la préparer, la bâtir et la consolider. Voici comment :

- **Regardez-vous :** Examinez vos intérêts, vos valeurs, vos compétences. Essayez de voir si les autres vous voient comme vous vous voyez.
- **Regardez autour de vous :** Découvrez les tendances (dans votre entreprise ou votre secteur d'activité), les nouvelles méthodes d'apprentissage (pour acquérir d'autres compétences) et les multiples débouchés offerts.
- **Regardez en avant :** Déterminez vos objectifs, nouez des alliances, trouvez des appuis. Bâtissez votre plan.

Discutez avec des collègues, des amis et des supérieurs. Collaborez avec les gens qui sont prêts à vous aider et trouvez des idées pour les aider à votre tour. Faites-leur part de vos idées et de vos constatations ; demandez-leur leur avis sur les débouchés qui s'offrent à vous.

Regardez-vous

Sachez vous évaluer. C'est la première étape de la préparation de votre carrière.

Connaissez-vous vous-même

Qu'aimez-vous faire ? Pour planifier une carrière intéressante, vous devez bien connaître vos intérêts (ce que vous aimez faire, quelles sont les idées et les activités qui vous stimulent et vous font plaisir) et vos valeurs (les idéaux qui guident votre comportement au travail). Ensuite, **posez-vous les questions suivantes** :
- ✓ De quelles réalisations professionnelles suis-je particulièrement fier ?
- ✓ Qu'est-ce qui me donne l'impression d'occuper une place unique dans mon entreprise ?
- ✓ Qu'est-ce que j'aimerais faire si je pouvais créer ma journée de travail idéale ?
- ✓ Quel genre de tâches ai-je tendance à esquiver ?

Les activités et les tâches que vous aimez, auxquelles vous accordez une grande valeur et pour lesquelles vous vous sentez compétent fourniront la trame de votre plan. Recherchez des débouchés à l'intérieur de votre entreprise.

Connaissez vos points forts

Quelles sont vos compétences principales (connaissances ou attitudes qui produisent des résultats très nets) ? Comment le savez-vous ?

Posez-vous les questions suivantes et posez-les à trois autres personnes (collègues, supérieurs, amis) :
- ✔ Quels sont mes principaux points forts ? (Peu de gens sont aussi compétents que moi à cet égard.)
- ✔ Quelles sont mes compétences moyennes ? (Je me débrouille, mais je suis loin d'être le seul.)
- ✔ Comment les clients (internes ou externes) me décriraient-ils ?

Utilisez-vous vos compétences clés ? La plupart des employés insatisfaits que nous avons rencontrés sont mécontents non pas à cause des compétences qu'exige leur travail, mais bien parce qu'ils ne peuvent utiliser les compétences qu'ils possèdent pourtant.

Sachez laquelle de vos compétences est irrépressible !
Dick Bolles,
What Color is Your Parachute ?

Sachez ce que vous devez apprendre

Que devez-vous apprendre, en fonction de vos intérêts ? Posez-vous la question. Essayez également d'interroger trois personnes qui vous connaissent bien :
- ✔ Parmi mes points forts, quels sont ceux qui sont à double tranchant et qui, par conséquent, pourraient me desservir ?

> Ce qui compte, pour moi, ce sont les résultats. L'ennui, c'est que pour parvenir au but, il m'arrive de marcher sur les autres.

✓ Quelles sont les deux compétences que je devrais renforcer ? Dans quelle mesure cela m'aiderait-il à obtenir ce que je désire ?

> Mon but, c'est de progresser dans cet organisme. J'ai deux points forts : je suis minutieux et je sais travailler de façon autonome. J'ai toujours pensé que l'on n'était jamais mieux servi que par soi-même. Mais maintenant, mes supérieurs m'affirment que je devrais apprendre à déléguer si je veux obtenir un poste de cadre. Je dois donc acquérir de nouvelles compétences.

Recherchez des critiques et écoutez-les. Essayez de vous voir à travers leur regard. Dressez une liste claire des compétences qui vous manquent ou de celles qui pourraient vous desservir (celles qui sont à double tranchant).

Regardez autour de vous

Une fois que vous saurez ce qu'il vous faut apprendre, vous pourrez commencer à examiner de près l'organisme qui vous emploie pour dégager ses tendances, ses méthodes d'apprentissage et les débouchés qu'il vous offre. Vous serez probablement étonné de trouver des projets, des équipes ou des postes qui vous conviennent parfaitement et qui vous permettront d'atteindre vos objectifs.

Les tendances

Que savez-vous de votre organisme ? de votre secteur d'activité ? de votre profession ? Si vous ne connaissez pas les réponses à ces questions, interrogez votre entourage :
- Quels changements majeurs dans mon secteur d'activité, dans l'économie, sur la scène politique ou au sein de la société pourraient affecter l'entreprise qui m'emploie ?
- Quels débouchés et quels problèmes apparaissent à l'horizon ?
- Comment ma profession aura-t-elle évolué dans deux ans ? dans cinq ans ?
- Quelle est la définition du succès dans mon entreprise ? Cela risque-t-il de changer un jour ?

Lisez les bulletins de l'entreprise et les revues professionnelles. Recherchez les sites Web qui s'intéressent à votre domaine. Créez des signets et revenez-y régulièrement.

Les méthodes d'apprentissage : 70-20-10

Comment les adultes apprennent-ils ? Voici une réponse fournie par le Center for Creative Leadership de Greensboro (en Caroline du Nord) :
- ✓ 70 p. 100 des adultes apprennent sur le tas. Les défis, les risques et les missions qui exigent l'accroissement des connaissances contribuent au succès professionnel ;
- ✓ 20 p. 100 des adultes apprennent des autres : mentors, modèles, commentateurs, formateurs nous aident à nous perfectionner et à exceller ;
- ✓ 10 p. 100 des adultes apprennent en suivant des cours, en lisant, en écoutant des cassettes audio, en visionnant des documents vidéo ou en participant à des activités d'apprentissage en ligne.

Choisissez la méthode qui vous convient et qui vous permettra de vous perfectionner. Voici quelques exemples; essayez-les !
- ✓ Suggérez de participer à un travail d'équipe qui vous obligera à acquérir certaines compétences ou à nouer des relations clés.
- ✓ Acceptez une mission difficile. N'oubliez toutefois pas de solliciter l'appui de ceux qui ont déjà l'expérience de ce genre de tâche.
- ✓ Trouvez un mentor qui vous enseignera les compétences que vous espérez acquérir.
- ✓ Suivez un cours (renseignez-vous sur les possibilités de remboursement des frais de scolarité) ou lisez quelques livres sur le sujet qui vous intéresse.

Demandez-vous : « Qu'ai-je envie d'apprendre, maintenant ? Comment, où et auprès de qui pourrais-je l'apprendre ? »

Quelles possibilités s'ouvrent à vous ?

Rien ne vous oblige à gravir un échelon chaque fois que vous changez de poste. Une foule de possibilités s'offrent à vous (dans votre organisme). Parlez-en à votre supérieur ou à d'autres conseillers dont l'opinion vous est précieuse.

- **Mutation latérale :** Vous pourriez changer de poste sans pour autant assumer davantage de responsabilités.
- **Exploration :** Vous pourriez occuper un nouveau poste (ou accomplir de nouvelles tâches) à l'essai, sans vous engager.
- **Enrichissement :** Vous pourriez conserver votre poste actuel, tout en l'enrichissant d'occasions d'apprendre et de vous perfectionner.
- **Rajustement :** Vous pourriez rajuster vos tâches afin de les concilier avec vos autres priorités et les possibilités futures.

Essayez d'imaginer un changement dans chacune de ces directions. À quoi ressemblerait votre description de tâches ? S'accorderait-elle avec vos compétences, vos intérêts et vos valeurs ?

Et maintenant, le plan

Utilisez les informations que vous avez rassemblées sur vous, sur l'entreprise et sur les possibilités qui s'offrent à vous, pour formuler vos objectifs professionnels. Ces objectifs formeront les étapes principales de votre plan d'action ; ils devront donc être à la fois précis et réalistes.

Répondez aux questions suivantes :
- De quelles nouvelles compétences, connaissances ou capacités ai-je besoin pour atteindre mes objectifs ?
- De quels objectifs à court terme (de trois à six mois) pourrais-je d'ores et déjà commencer à me rapprocher ?
- Comment pourrais-je acquérir ces nouvelles compétences tout en continuant à remplir mes fonctions actuelles ?
- Quelle expérience pertinente pourrais-je acquérir en siégeant à des comités ou en participant à des groupes de travail ?
- Qui, dans mon réseau de relations, pourrait m'aider ?

Un plan d'action clair et précis vous permettra d'atteindre vos objectifs si vous prenez les mesures suivantes :
- ✓ Prenez note de vos objectifs, des étapes précises que vous devez franchir et des échéances que vous avez fixées ;
- ✓ Nouez des alliances avec les gens qui pourraient vous aider : supérieurs, mentors, collègues, amis ;
- ✓ Efforcez-vous d'apprendre. Suivez une formation, acquérez l'expérience nécessaire.

J'ai découvert un livre sur la planification de carrière et j'ai décidé de formuler mon propre plan, que j'ai assorti d'étapes précises. Six mois plus tard, je n'avais encore rien fait! C'était un peu comme les bonnes résolutions du Nouvel An, faciles à prendre, faciles à laisser de côté. Finalement, une amie, qui travaillait dans un autre service, m'a décrit ses propres objectifs et j'ai ressorti mon plan d'action pour le lui montrer. Elle a immédiatement souligné les aspects qui n'étaient pas réalistes ou qui ne convenaient pas à mon tempérament. Grâce à elle, j'ai peaufiné mon plan et j'ai adopté une nouvelle démarche, beaucoup plus sensée.

**Peut-être avez-vous l'impression qu'il s'agit d'une tâche surhumaine, à mi-chemin entre les bonnes résolutions du Nouvel An et le renflouement du *Titanic*. Pourtant, c'est faisable, si vous apprenez à vous connaître, si vous regardez autour de vous et en avant.
Ce que vous apprenez s'inscrit dans votre plan.
Naturellement, trois constantes sont nécessaires : des alliés, des tâches intéressantes et un organisme qui vous apprécie à votre juste valeur.
Mais c'est vous qui êtes responsable de votre carrière.
Vous la gérez au sein de l'entreprise, au sein de l'économie, grâce aux capacités et aux ressources que vous possédez.**

> *Qui ne se prépare pas au succès,*
> *se prépare à l'échec.*
> Anonyme

Aperçu dans une librairie.

Chapitre 4

Donnez et vous recevrez : une question de respect

Chacun définit le respect à sa manière. Ainsi, pour jouir du respect d'autrui, vous devez d'abord faire comprendre à votre entourage ce que le respect signifie pour vous.

Le respect dont vous jouissez exerce une grande influence sur votre degré de satisfaction professionnelle. Chez beaucoup de gens, l'insatisfaction est simplement provoquée par ce qu'ils perçoivent comme un manque de respect à leur égard ou à l'égard de leur travail. Si tel est votre cas, n'attendez pas en vain que votre supérieur, vos collègues ou vos subalternes se mettent à vous respecter. Faites-leur comprendre ce que le respect signifie pour vous. Parlez-en et expliquez en détail ce dont vous avez besoin pour sentir que vous jouissez du respect d'autrui. Trouvez les moyens de gagner ce respect, là où vous êtes.

> Lorsque j'ai été nommé à un poste de cadre, on m'a dit qu'il fallait que je développe mes qualités de chef. Que diable entendait-on par là ? J'ai posé la question à plusieurs

personnes, y compris à ma supérieure. Elle m'a expliqué que l'on me respectait comme chercheur, mais non comme chef. Elle a déclaré (et d'autres ont acquiescé) que j'étais trop silencieux pendant les réunions, ce qui incitait mes collègues à croire que je n'avais rien à apporter.

Après la surprise initiale, j'ai en conçu beaucoup d'amertume. Je n'ai jamais eu envie de jouer la comédie et, pour être franc, je n'éprouve guère de respect pour certains des moulins à paroles qui font partie de l'équipe.

J'ai toutefois décidé de gagner le respect de mes collègues. J'en ai parlé à l'une d'elles, qui m'a encouragé à adopter une nouvelle attitude, à avancer mes idées pendant les réunions. Elle m'a suggéré de trouver le moyen de participer sans pour autant forcer ma nature, par exemple en donnant mon opinion de temps à autre.

Au bout de quelques mois de changements subtils, les gens ont commencé à me remarquer et à dire qu'ils appréciaient ma contribution.

J'ai essayé de me débarrasser de certains préjugés et j'ai modifié mon comportement pour obtenir le respect des autres. Finalement, j'ai aussi trouvé le moyen de respecter davantage mes collègues volubiles. Nous sommes différents les uns des autres, mais ce sont ces différences qui font toute la force de mon équipe.

Cette personne a recherché le grain de vérité dans les commentaires des autres et a choisi délibérément de modifier son attitude, ce qui lui a permis d'apprécier la diversité des tempéraments parmi les membres de son équipe.

Donnez et vous recevrez : une question de respect

Pour jouir du respect d'autrui, essayez d'adopter la démarche suivante : Soyez un employé modèle qui atteint régulièrement ses objectifs. Les gens productifs inspirent déjà du respect ;

✓ **Essayez de déterminer qui vous respecte et qui ne vous respecte pas.** Pourquoi ? Demandez à un ami au travail de vous dire en toute franchise si les autres vous respectent ou pas. Pourquoi ? Voyez ce qui sonne juste dans ces commentaires. Écoutez aussi les compliments. Parfois, nous avons tendance à n'entendre que les observations négatives et nous oublions de nous réjouir des bonnes nouvelles ;

✓ **Dites à quelqu'un que vous souhaitez jouir de plus de respect.** Dans l'idéal, il faudrait que cette personne soit en mesure d'agir dans ce sens. Dites-lui : « Je me sentirais plus respecté si vous faisiez ceci ou cela, ou si vous évitiez de faire ceci ou cela. » Beaucoup de gens sont persuadés, bien à tort, que leur attitude vis-à-vis des autres est suffisamment imprégnée de respect. Peut-être vous seront-ils reconnaissants de votre franchise et de votre désir clairement exprimé d'un changement d'attitude à votre égard.

> Lorsque j'ai révélé à mon équipière que j'avais l'impression de ne pas jouir de son respect, elle est demeurée bouche bée. Elle a répondu qu'au contraire, elle me respectait beaucoup et elle m'a donné plusieurs raisons pour le prouver. Elle a aussi accepté de m'aider à concrétiser mes idées. Par exemple, pendant les réunions, elle a commencé à me soutenir face à mon supérieur et à nos collègues. C'était exactement ce dont j'avais besoin.

✓ **Décidez des changements que vous voulez apporter** pour jouir du respect d'autrui. Ensuite, décidez des changements que vous ne voulez pas mettre en œuvre.

Et, naturellement, donnez pour recevoir

Le respect va dans les deux sens. Respectez-vous les autres ? Comment ? Dans quelles circonstances ?

> J'ai accompagné ma famille au Musée de la tolérance à Los Angeles. Quelle expérience ! En y entrant, j'étais persuadée d'être la personne la plus tolérante de la terre, mais j'ai compris pendant cette visite que j'étais malgré tout victime de quelques préjugés, qui se répercutent sur mes relations avec mes collègues, mes supérieurs, voire mes clients. J'ai commencé à y réfléchir sérieusement et mon attitude se modifie, lentement mais sûrement.

Quels sont vos préjugés ?

Soyez franc. Admettez que vous avez quelques préjugés favorables ou défavorables, qui reposent sur les critères suivants :
- La couleur de la peau ;
- La condition sociale ;
- La personnalité ;
- L'âge ;
- Le niveau d'instruction ;
- La taille ou le poids ;
- Le titre ;
- L'accent ;
- L'origine géographique ;
- Les fonctions ;
- Le sexe ;
- Le mode de vie ;
- L'orientation sexuelle ;

- Le talent ;
- (Ajoutez-en un) ;
- (Ajoutez-en un autre).

Comment vos préjugés se répercutent-ils sur votre capacité de respecter les autres ? Avez-vous tendance à parler davantage à certaines personnes ? Au contraire, êtes-vous porté à en exclure d'autres ? Si tel est votre cas, efforcez-vous de modifier votre attitude. Cela risque de prendre du temps, car les vieux préjugés ont la vie dure. Tenez bon. Si vous respectez les autres, ils vous respecteront.

> *BONJOUR. Je suis heureux de constater que nous sommes différents. Puissions-nous ensemble former un tout plus grand que la somme de nous deux.*
>
> M. SPOCK,
> PATROUILLE DU COSMOS

Vous méritez le respect. Nous le méritons tous. Obtenez celui auquel vous avez droit en effectuant consciencieusement votre tâche, en le réclamant, en vous améliorant continuellement et en acceptant d'apporter des changements subtils mais significatifs à VOTRE comportement.

Aperçu dans le stationnement d'une église.

Chapitre 5

Mettez votre énergie dans votre travail

> J'ai perdu toute énergie et tout enthousiasme pour mon travail. Il n'y a rien de particulier qui cloche, sauf que je n'éprouve plus aucune stimulation. Je n'ai plus de défi. Je me demande s'il n'est pas temps pour moi d'aller voir ailleurs.

Peut-être que non. Peut-être est-il simplement temps d'insuffler une nouvelle vie dans votre travail, de le ressusciter en quelque sorte.

Il est fort probable que vous n'ayez pas besoin de changer d'emploi pour vous sentir à nouveau rempli d'énergie. Et si vous aimez la plupart des aspects de votre travail (les collègues, les supérieurs, les responsabilités), le jeu en vaut vraiment la chandelle. Vous retrouverez tout l'enthousiasme du début sans changer d'emploi. Ce qu'il faut, c'est soit modifier la nature de vos tâches, soit la manière dont vous les remplissez.

Ne vous résignez pas à un travail monotone. N'attendez pas non plus que votre supérieur ou un autre membre de l'organisme prenne des mesures pour rendre vos fonctions plus stimulantes. Peut-être ne se sont-ils même pas rendu compte que vous aviez perdu le feu sacré. Ou s'ils le savent, peut-être ignorent-ils quoi faire à ce sujet. Prenez la situation en main et agissez dès aujourd'hui pour ranimer votre flamme.

Le judo au travail – profitez de l'énergie !

Au judo, nous utilisons l'élan de l'adversaire pour accroître le nôtre. Nous profitons de l'énergie qu'il engendre. De la même manière, au travail, le secret consiste à exploiter l'énergie que vous ressentez en faisant ce que vous aimez. Commencez par dégager ce qui vous donne de l'énergie :

- ✔ employer vos compétences actuelles dans un cadre nouveau ;
- ✔ acquérir de nouvelles compétences et les appliquer ;
- ✔ accomplir une tâche plus en vue ou plus exigeante, être récompensé ;
- ✔ entreprendre des tâches qui reflètent vos valeurs ;
- ✔ faire quelque chose d'autre.

Prêtez attention aux fluctuations de votre énergie. Essayez de déterminer ce qui les cause.

> Je ne m'intéressais absolument pas à la planification budgétaire d'un chantier. Mais lorsque j'ai assisté à la démonstration d'un nouveau logiciel qui accomplissait tout le travail à notre place, à partir du moment où nous introduisions les chiffres, j'ai été très intrigué par toutes ses possibilités. J'ai expliqué à mon patron que ce logiciel me ferait gagner du temps et me permettrait de me consacrer à des tâches plus importantes. Il a accepté de m'envoyer

suivre une formation. Désormais, je passe la moitié de mon temps à régler des problèmes sur les chantiers au lieu de jongler toute la journée avec les chiffres. C'est bien plus intéressant. J'ai retrouvé le goût de travailler.

Investissez sagement votre énergie

Songez à ce qui accroît votre niveau d'énergie, puis trouvez le moyen d'investir cette énergie dans le travail. Vous trouverez quelques exemples dans le tableau ci-après.

En essayant le « judo au travail », vous serez probablement étonné des possibilités d'enrichissement professionnel que vous découvrirez là où vous êtes.

Vos sources d'énergie	
L'indépendance	Recherchez des tâches ou des projets que vous pourrez mener à bien en quasi-autonomie.
Les commentaires d'autrui	Trouvez des collègues, des clients internes ou un supérieur capables de commenter votre travail avec franchise.
Les défis	Trouvez l'occasion d'entreprendre une tâche qui vous obligera à vous mettre à l'épreuve (discuter avec la haute direction, présider un groupe de travail, travailler dans un nouveau domaine, etc.).

Le contact avec les clients	Recherchez des moyens d'avoir davantage de contacts avec vos clients, à l'interne ou à l'externe. Invitez-les à déjeuner, réglez leurs problèmes, assistez à leurs conférences, etc.
Le travail d'équipe	Trouvez un groupe qui a été chargé de résoudre un problème au travail ou formez une équipe. Songez aussi aux équipes de sport que vous pourriez créer dans l'entreprise.
L'apprentissage	Cherchez quelqu'un qui vous enseignera quelque chose de nouveau. Suivez un cours à l'extérieur, surfez dans Internet, lisez.
La variété	Trouvez le moyen de diversifier votre horaire, votre lieu de travail, vos tâches quotidiennes et votre itinéraire pour vous rendre au travail.
Le leadership	Cherchez quelqu'un qui a besoin de formation ou qui est en quête d'un mentor, au travail ou à l'extérieur.
La prise de décisions	Trouvez le moyen de contribuer à la prise de décisions avant que celles-ci soient définitivement mises en œuvre. Proposez-vous comme membre d'un comité décisionnaire, adhérez à un organisme communautaire, etc. Le choix ne manque pas.

J'adore la variété, dans ma vie quotidienne comme au travail. Au bout de six mois, je suis prêt à changer. Cette fois-ci, au lieu de quitter l'entreprise, j'ai discuté avec mon patron des possibilités de rendre mes tâches moins monotones. Il m'a aidé à établir une rotation entre plusieurs membres de notre équipe. Nous avons tous été stimulés par le changement. Naturellement, cette formation diversifiée nous permet de nous remplacer les uns les autres, le cas échéant. Tout le monde y gagne.

Faites vos devoirs

Vous souvenez-vous de l'époque où votre travail vous enthousiasmait ? Que faisiez-vous ? Entre autres choses, vous étiez sûrement en train d'apprendre. Par conséquent, peut-être pourriez-vous enrichir votre travail en vous donnant des devoirs à faire.

Songez à des connaissances ou à des compétences qui vous manquent et que vous aimeriez acquérir (c'est une belle occasion de vous perfectionner !). Ensuite, donnez-vous des devoirs qui ont pour but de vous permettre d'acquérir ces connaissances ou ces nouvelles compétences. Par exemple, vous aimeriez accroître vos qualités de négociateur. Voici ce que vous pourriez faire :

1. **Observer :** Essayez de trouver un premier négociateur chevronné dont vous pourriez observer le comportement. Puis un second (à des fins de comparaison). Prenez des notes. Qu'accomplissent-ils avec brio ? Utilisent-ils des méthodes différentes ? En quoi diffèrent-elles ? Discutez avec eux après la période d'observation. Qu'est-ce qui se révèle efficace dans la négociation et qu'est-ce qui l'est moins ? Que se proposent-ils de faire différemment la prochaine

fois ? (Si vous ne trouvez personne, visionnez une vidéocassette sur la négociation.)

2. **Participer :** Adoptez un rôle limité, bien précis, dans des négociations. Collaborez avec un spécialiste qui vous aidera à mettre vos nouvelles connaissances en pratique et sera là pour vous aider à reprendre pied si vous trébuchez. Le but de l'exercice est de vous mouiller sans vous sentir submergé. Par exemple, préparez les remarques d'ouverture dans le cadre des négociations avec un vendeur, puis observez votre partenaire chevronné. Ensuite, demandez-lui de discuter de vos points forts et de vos points faiblesses.

3. **Prendre la principale responsabilité :** Une fois les deux premières étapes franchies, assumez la principale responsabilité des négociations. Pour compliquer encore votre tâche, vous pourriez choisir des négociations qui se dérouleront devant un public choisi, par exemple, votre propre équipe. Demandez à des négociateurs chevronnés de jouer le rôle d'observateurs. Ils prendront des notes pendant que vous occuperez le devant de la scène. Immédiatement après la clôture, discutez avec eux de votre prestation.

Vous serez émerveillé par vos progrès si vous suivez cet apprentissage en trois étapes. Poursuivez votre perfectionnement tout en visant l'excellence. Sentez l'énergie qui vous transporte tout au long de cette démarche.

Ayez toujours les yeux plus grands que le ventre.
ELLA WILLIAMS

SOUVENEZ-VOUS : vous pourriez également enrichir et diversifier votre travail par les moyens suivants :
- en utilisant vos compétences actuelles dans un contexte nouveau ;
- en utilisant certaines compétences plus que d'autres ;
- en remettant à l'honneur des compétences que vous aviez négligées ces derniers temps.

Vendez votre idée

Si vous avez une idée d'enrichissement professionnel qui vous tient à cœur, vous devrez convaincre votre supérieur. Préparez-vous à répondre aux questions suivantes :

Quels avantages y trouverai-je ?
- Comment cela augmentera-t-il la valeur marchande de mes compétences ?
- Comment cela accroîtra-t-il ma réputation de spécialiste ou de généraliste de ma profession ?
- Comment cela m'aidera-t-il à acquérir de la confiance en moi et de nouvelles compétences ?

Quels avantages mon équipe y trouvera-t-elle ?
- Comment cela m'aidera-t-il à travailler plus efficacement avec mon équipe actuelle ?
- Comment cela accroîtra-t-il ma contribution au travail de mon groupe ou de mon service ?
- Comment cela m'aidera-t-il à nouer de nouvelles relations ou à étendre mon réseau ?

Quels avantages mon supérieur ou mon entreprise y trouveront-ils ?
- Comment cela accroîtra-t-il ma valeur aux yeux de mon supérieur ou au sein de l'entreprise ?
- Quel est le rapport direct entre mon idée et la mission, la stratégie ou les objectifs de mon entreprise ?
- Comment mon idée répond-elle à un besoin actuel de l'entreprise ?

Il est difficile à un supérieur de rejeter une demande d'enrichissement, surtout si elle a été bien formulée et qu'elle présente des avantages pour l'équipe ou l'entreprise, tout en améliorant la satisfaction de l'employé et son engagement.

**Peut-être croyez-vous devoir trouver un nouvel employeur ou un nouveau poste pour retrouver l'énergie qui vous habitait autrefois. Pas du tout. Dans le monde d'aujourd'hui, il y a presque toujours quelque chose de nouveau à apprendre, une nouvelle démarche à entreprendre, des moyens de rallumer le feu sacré.
N'attendez pas qu'on vous présente un projet ou qu'on vous offre de nouvelles occasions d'apprendre.
Prenez en main les outils nécessaires pour enrichir VOTRE travail.
Négociez les conditions et foncez !**

Mettez votre énergie dans votre travail

Aperçu dans la rue.

Chapitre 6

Avez-vous vu votre famille récemment ?

Comment se porte votre famille ? Se plaint-elle de ne jamais vous voir ? Attendez-vous que votre supérieur (ou votre équipe) vous aide à trouver un équilibre entre la vie professionnelle et la vie familiale ? Vous attendrez en vain. C'est à vous de prendre une décision à ce propos et de la mettre en pratique.

Au demeurant, la définition du mot « famille » est moins stricte qu'autrefois. Lorsque nous avons demandé à des personnes de notre entourage ce qui, pour elles, constituait la famille, voici les réponses que nous avons obtenues :
- Mon partenaire (mon mari/ma femme) et nos enfants ;
- Mes amis au travail ;
- Mes parents âgés ;
- Mes amis à l'extérieur de l'entreprise ;
- Mon chien (mon chat, mon perroquet, mon iguane).

Quelle que soit notre définition de la famille, son importance est très claire : nous avons besoin de lui consacrer du temps.

> J'ai parfaitement compris le message lorsque mon gamin de cinq ans a fabriqué une chaîne à l'aide de trombones et l'a suspendue en travers de la porte de mon bureau à la maison : « Interdiction d'entrer ».

Avez-vous reçu un message de ce genre ?

La créativité avant tout

Peut-être vous sentez-vous pris à la gorge. Peut-être croyez-vous qu'il est impossible d'exceller au travail tout en conservant une vie de famille. Vous vous trompez. Nous connaissons des dizaines de gens qui sont capables d'intégrer carrière et vie familiale. Voici quelques-unes des idées les plus créatives que nous ayons reçues. Quelques-unes vous conviendront peut-être :

> Ma supérieure a accepté que je partage mon emploi avec un collègue et que nous travaillions chacun à mi-temps. C'était il y a dix ans et tout baigne dans l'huile. Une stratégie où tout le monde a trouvé son compte.

> J'ai suivi un cours de gestion du temps, ce qui m'a permis de trouver quatre heures dans ma semaine de travail. Je travaille plus intelligemment, mais pas plus longtemps chaque jour. J'ai maintenant plus de temps à consacrer à autre chose qu'au travail.

> Je travaille à la maison et je ne savais comment éviter de m'enfermer dans mon bureau tous les soirs. Quelqu'un m'a suggéré de ne pas travailler le samedi soir. Un soir par

semaine, c'était facile. Ensuite, j'ai ajouté le dimanche soir. Et ainsi de suite. Étape par étape, j'ai atteint mon but.

J'ai acheté un ordinateur et j'ai demandé à mon patron de me laisser travailler à la maison une journée par semaine. Il a accepté à condition que ma productivité ne baisse pas. En réalité, elle a augmenté de 20 p. 100. Il est extrêmement satisfait et ma famille ne s'en porte que mieux.

Ma famille, c'est ma chienne. Elle est si bien dressée que mon supérieur a accepté que je l'emmène avec moi au bureau le samedi, lorsque je dois faire du rattrapage. Du coup, elle n'est plus seule et moi non plus.

Je voyage beaucoup et je déteste quitter ma famille. L'an dernier, j'ai décidé d'emmener tout le monde avec moi à trois reprises. Nous avons choisi des hôtels avec piscine. C'était une nouvelle aventure à vivre tous ensemble.

J'ai changé mon horaire. J'arrive au travail à 6 h 30, ce qui me permet d'éviter l'heure de pointe dans les deux sens. L'après-midi, je rentre assez tôt à la maison pour manger avec ma famille.

J'ai trouvé une garderie près du bureau. Au moins trois fois par semaine, je m'y rends à pied pour déjeuner avec mes enfants. Ainsi, je fais un peu d'exercice, je sors du bureau et je passe du temps avec ma famille.

> *À quoi bon une carrière prestigieuse si elle vous rend malheureux ?*
> *À quoi bon une maison splendide si vous n'y êtes jamais ?*
> *À quoi bon un violon d'Ingres que vous adorez*
> *si vous n'avez jamais le temps de vous y adonner ?*
>
> PAMELA KRUGER,
> FAST COMPANY

Ne vous cantonnez pas dans le conformisme. Faites preuve de créativité. Cela vous aidera à rééquilibrer votre vie.

La fusion

Il est possible que cet équilibre soit plus facile à atteindre si vous parvenez à intégrer votre famille dans certains aspects de votre travail. Voici quelques idées :

> Mon entreprise a décidé d'organiser une journée « portes ouvertes ». C'était une idée fantastique. J'ai fait visiter les lieux aux enfants et ils ont été fascinés par les avions que mon équipe avait construits. Ils étaient très fiers de moi et, désormais, ils acceptent plus facilement que je ne sois pas toujours là pour le repas du soir. Je ne manquerai pas de participer avec eux au prochain pique-nique familial organisé par l'entreprise.

> J'étais seule pour élever mes jeunes enfants, je travaillais et je suivais des cours de deuxième cycle à l'université. Nous avons fixé des heures d'études, chaque soir et la fin de semaine. Toute la famille s'installait sur la table de la cuisine avec ses devoirs. Ensuite, nous regardions une émission de

télé, nous allions manger une pizza ou voir un film. Je me souviens avec plaisir de ces moments passés ensemble.

Mon mari participe de très près à mes activités créatives. Nous discutons, il me raconte tout ce qui se passe à son bureau et il me donne ses commentaires sur mon travail. Je crois qu'ainsi il comprend mieux le stress (et le plaisir) que me procure mon travail. J'apprécie de pouvoir compter sur son intuition et sur son recul.

Ma famille, ce sont mes amis. Ils m'ont aidée à passer d'un lieu de travail à un autre. Je leur ai fait visiter mon bureau, je leur ai expliqué ce que nous faisions. J'ai trouvé très agréable de leur faire connaître cet aspect de ma vie. Le déménagement, au milieu des cartons et du désordre général, a été une journée inoubliable.

Vous pouvez faire participer votre famille à votre vie professionnelle. Tout le monde y gagnera. En intégrant ces deux éléments cruciaux de votre vie, vous atteindrez un équilibre nouveau et vous ressentirez un grand bien-être.

Sachez compartimenter votre esprit

Au travail, vous pensez à la famille. À la maison, vous ne pensez qu'au travail. Songez aux innombrables heures ainsi perdues à vous faire un sang d'encre pour rien. Certaines personnes trouvent le moyen de se concentrer sur ce qu'elles font au moment où elles le font, et, ainsi, de passer d'excellents moments en compagnie de leur famille. Elles compartimentent leur vie. Voici quelques-uns de leurs commentaires :

La fin de semaine, c'est sacré : ni téléavertisseur ni téléphone cellulaire. J'ai expliqué à mon patron que j'avais besoin de me débrancher. Il a paru comprendre et, d'ailleurs, je crois qu'il essaie de faire la même chose. Désormais, les fins de semaine appartiennent à la famille.

Mon bureau est à la maison. L'avantage, c'est que je n'ai pas loin à aller pour travailler. L'inconvénient, c'est qu'il est difficile de fermer les yeux sur le travail qui s'accumule. J'ai fini par décider de suivre l'horaire traditionnel. Je débranche la sonnerie du téléphone et je ferme la porte du bureau tous les jours à 17 h 30.

Lorsque je commence à songer au travail pendant une journée en famille, je me force à visualiser un panneau d'arrêt. Cela me permet de revenir à la réalité.

Je n'arrivais pas à me concentrer au travail. J'étais facilement distraite, je ne parvenais pas à déléguer efficacement. Mes journées de travail étaient de plus en plus longues, ma famille me voyait de moins en moins. J'ai décidé d'examiner de près ma journée de travail. Maintenant, je ferme la porte de mon bureau chaque matin et, pendant une heure, j'essaie de me concentrer, sans interruption, sur les tâches essentielles. J'essaie également de déléguer davantage. Je suis plus productive au travail, ce qui me permet de rentrer plus tôt à la maison. Tout est dans la faculté de se concentrer.

Pendant les semaines qui viennent, efforcez-vous de vous concentrer davantage sur votre travail pendant la journée. Le soir, concentrez-vous sur votre famille. Vous verrez, votre succès et votre satisfaction augmenteront.

> *La plupart des gens sont si occupés à essayer de faire tout ce qu'ils croient devoir faire, qu'il ne reste plus de temps pour faire ce qu'ils ont envie de faire.*
> Kathleen Windsor

**Si vous ne faites que vous plaindre, votre situation ne s'améliorera pas. Offrez à votre supérieur et aux autres personnes intéressées des informations fiables et des suggestions créatives.
Personne ne devrait être contraint de choisir entre le travail et la famille. Tout le monde peut jouir des deux. Soyez créatif, soyez ouvert et apprenez à vous concentrer sur ce que vous faites.**

Aperçu dans une épicerie.

Chapitre 7

Ne fermez pas les portes

*Mon seul débouché était une promotion...
malheureusement, les promotions se faisaient plutôt rares.*
Des centaines d'employés que nous avons rencontrés

Et si la promotion que vous désirez n'était pas offerte ? Et si plusieurs barreaux de l'échelle avaient été sciés ? Comment faire pour progresser au sein de l'entreprise autrement qu'en grimpant les échelons ?

Qui déterminera vos prochaines étapes ? Si vous attendez que votre supérieur (ou quelqu'un d'autre) définisse vos objectifs professionnels, vous risquez d'attendre longtemps. Dans le monde changeant où nous vivons, il est naturel que votre plan de carrière aussi soit en mouvance. Le poste que vous convoitez aujourd'hui n'existera peut-être plus demain. Une fois de plus, souvenez-vous que c'est vous qui créez votre carrière. C'est à vous qu'il incombe de prendre votre avenir en main.

Analysez donc soigneusement toutes les possibilités. Vous y trouverez certainement ce que vous cherchez et encore plus. Pour ce faire, posez-vous les questions suivantes : « Où trouverai-je le choix le plus vaste ? Quelle option me donnera le plus de liberté ? Combien de possibilités puis-je étudier en même temps ? »

> *Les objectifs sont des rêves assortis d'échéances.*
> Diana Scharf Hunt

La progression latérale ou horizontale

> J'espère un jour faire partie de la haute direction. Pour m'y préparer, j'ai demandé à être transférée des opérations aux ventes. Quel choc! Tout est différent ici, l'ambiance, les méthodes de travail, les relations avec les clients. C'est tout nouveau pour moi et, parfois, je me sens mal à l'aise. Mais j'en apprends tous les jours.

Autrefois, la mutation horizontale était perçue comme un châtiment. « As-tu entendu la nouvelle ? Il a accepté un poste au même échelon ! » Cela signifiait que l'employé était mis au rancart ou sur la voie d'évitement.

Aujourd'hui, beaucoup de cadres extrêmement ambitieux se rendent compte que les mutations de même niveau leur permettent d'acquérir une expérience dont ils auront grand besoin lorsqu'ils pénétreront dans les hautes sphères. D'autres acceptent ce mouvement latéral parce qu'il leur permet d'occuper un poste qui les intéresse davantage et que ce changement requinque leur motivation. Si vous acceptez ce genre de poste, vous aurez la chance d'utiliser vos compétences dans un contexte différent ; on vous confiera des tâches et des responsabilités nouvelles, qui enrichiront vos connaissances. Ce mouvement latéral vous permettra peut-être ensuite de monter plus rapidement les barreaux de l'échelle que vous souhaitez si ardemment escalader.

Pour savoir si une mutation latérale vous serait utile, **posez-vous les questions suivantes** :
- ✓ Que devrais-je apprendre ?
- ✓ Quelles compétences pourrais-je utiliser, en sus de celles qui sont nécessaires pour remplir mes tâches actuelles ?
- ✓ Si je demande une mutation latérale, dans quelle mesure cela me rapprochera-t-il de mes objectifs ?
- ✓ Quel autre service m'intéresse au sein de mon entreprise ?

L'enrichissement sur place

> J'étais chef de projet et j'avais une supérieure extraordinaire. Mais je savais que je pouvais faire beaucoup plus. Je possède un talent artistique inouï – cela dit en toute modestie – dont ma supérieure avait tiré profit à quelques reprises dans le cadre de certains projets. Elle m'a envoyé suivre un cours d'éditique et, désormais, j'utilise constamment mes compétences artistiques. C'est formidable !

La plupart des gens ont l'impression d'être obligés de quitter leur emploi pour se perfectionner. Voilà qui n'a jamais été moins vrai ! Vous pourriez certainement enrichir votre travail actuel, peaufiner vos compétences, approfondir certains domaines particuliers qui vous intéressent, tout en demeurant à votre poste.

Pour savoir si c'est ce que vous désirez, **posez-vous les questions suivantes** :
- ✓ Qu'est-ce que j'aime le plus dans mon travail ? Comment pourrais-je approfondir cet aspect ?
- ✓ Que pourrais-je ajouter à mon travail pour le rendre plus satisfaisant ou plus stimulant ?

✓ De mes tâches actuelles, laquelle est la plus routinière ? Pourrais-je m'en décharger (par exemple en effectuant un échange avec un collègue) ?

La mutation temporaire
(en vue d'étudier les possibilités)

> Je travaille en informatique et ce que j'aimais le plus, c'était l'enseignement. J'ai pensé que j'aimerais travailler dans le Service de la formation. J'ai demandé à mon patron si cela était possible. Il a consulté la directrice de la formation et accepté de me « prêter » pendant dix semaines. Aujourd'hui, je suis de retour dans mon ancien service et je m'y trouve très heureux. J'ai bien l'intention d'y rester tant que l'on m'offrira la possibilité d'enseigner. Mais je suis content d'avoir pu essayer autre chose.

Parfois, nous ne savons pas exactement ce que nous voulons. Nous manquons d'information et nous sommes persuadés, à tort, que l'herbe est plus verte chez le voisin.

Pour savoir si un essai vous serait utile, **posez-vous les questions suivantes :**

✓ Quels autres services m'intéressent au sein de l'entreprise ? Comment me renseigner à ce sujet ?
✓ Si je pouvais repartir à zéro, que ferais-je différemment ? Est-il encore possible de repartir à zéro ? Que pourrais-je faire aujourd'hui pour concrétiser ce projet ?
✓ Quelles équipes, quels groupes de travail m'intéressent ?
✓ Quelle tâche me permettrait d'en apprendre le plus possible sur d'autres secteurs de l'entreprise ?

✓ Sur quel poste en particulier aimerais-je en savoir plus ? Me serait-il possible de rencontrer le titulaire actuel de ce poste ?

Pourquoi ne pas redescendre ?

Descendre d'échelon ? « Mais c'est bien pire qu'une mutation latérale ! » vous dites-vous peut-être. Vous pourriez être étonné...

> J'ai été infirmière en chef pendant dix ans. Un matin, je me suis réveillée en pensant : « Je n'aime pas vraiment gérer du personnel. Pourquoi ai-je accepté ce poste ? » Je suis redescendue d'un échelon. Pour beaucoup de gens, c'était une rétrogradation, mais pour moi, c'était le retour à quelque chose que j'aimais : m'occuper des patients. C'était d'ailleurs la raison pour laquelle j'étais devenue infirmière. J'adore mon travail et je continuerai à le faire tant que j'en serai capable.

> J'ai finalement atteint mon but. Je suis devenu directeur du Service de l'informatique. Et puis, il ne m'a fallu que six mois pour me convaincre que j'adorais programmer et que cela me manquait beaucoup. Je n'ai pas été assez bête pour ignorer ce message. Mais il m'a fallu beaucoup de courage pour quitter les hautes sphères !

Pour atteindre vos objectifs premiers – travail plus intéressant, vie plus équilibrée, plus de plaisir et plus d'argent –, vous devrez peut-être faire un pas en arrière. Mais ce recul vous permettra de mieux sauter.

Pour savoir si c'est ce dont vous avez besoin, **posez-vous les questions suivantes** :
- ✓ Si je faisais un pas en arrière, par exemple dans un autre Service, quels en seraient les avantages ? Qu'y gagnerais-je (apprentissage, équilibre, santé, plaisir, etc.) ?
- ✓ Suis-je prêt à accepter un salaire égal ou inférieur à mon salaire actuel pour changer de poste ? Quels autres « avantages » pourrais-je perdre (souplesse, participation à la gestion, prise de décisions, etc.) ?
- ✓ Comment le fait de descendre d'un échelon m'aiderait-il à utiliser les compétences que j'aime mettre de l'avant ? Serais-je contraint d'abandonner des tâches qui me plaisent ?
- ✓ Ai-je la nostalgie du travail technique ou pratique que je faisais autrefois ?

l'un des grands plaisirs de la vie est de découvrir quelque chose en cherchant autre chose.
Anne Wilson Schaef

L'avancement

Il s'agit bien entendu de la progression classique, vers le haut. Dans votre cas, de quoi s'agirait-il ? C'est lorsque vos compétences correspondent aux besoins de l'organisme que vous avez le plus de chances d'obtenir de l'avancement. Si tel est votre objectif, vous devrez comprendre parfaitement l'orientation stratégique de l'entreprise et vous préparer soigneusement à franchir cette étape.

J'ai dit à mon patron que j'aimerais un jour occuper son poste. Il a éclaté de rire et m'a déclaré n'avoir aucune intention de prendre une retraite anticipée. Mais il m'a proposé de m'aider à progresser. Nous avons souvent discuté de ma carrière et j'ai commencé peu à peu à me préparer. Lorsque le moment est arrivé, j'étais prêt pour la promotion. Mon patron a été nommé ailleurs et j'ai posé ma candidature. Mes compétences correspondaient parfaitement à ce que l'entreprise recherchait. J'ai obtenu le poste de mes rêves. Il m'a fallu du temps, de la patience et beaucoup de travail. Maintenant, le moment est venu de fixer mon prochain objectif.

Pour savoir si vous devriez tenter une progression vers le haut, **posez-vous les questions suivantes** :
- ✓ Qui seraient mes rivaux ? Quels sont mes points forts et mes points faibles par rapport à eux ?
- ✓ Quel a été mon rendement, cette année ? Dans quels domaines devrais-je m'améliorer ? Ai-je régulièrement assumé des responsabilités supplémentaires ?
- ✓ Pourquoi la compagnie m'offrirait-elle de l'avancement ? Que pourrais-je lui apporter ?
- ✓ Quelles satisfactions et quelles migraines accompagneraient cette promotion ?

Notre objectif doit être hors d'atteinte,
mais non hors de vue.
ANITA DEFRANTZ

Le départ

> Mon service a soudain changé d'orientation. La partie du travail qui me plaît le plus joue désormais un rôle insignifiant dans la stratégie de l'entreprise. Il est temps pour moi de partir.

Vous avez étudié toutes les possibilités et vous êtes persuadé que la meilleure solution consiste à aller voir ailleurs. Pourquoi ? Parmi les options qui suivent, laquelle ou lesquelles s'appliquent à vous ?

- Votre travail ne fait plus appel à vos compétences ; il ne correspond plus à vos intérêts ni à vos valeurs.
- Vos objectifs ne sont plus réalistes dans le contexte de l'organisme qui vous emploie actuellement.
- L'entreprise n'a plus besoin de vos compétences techniques.
- Vos objectifs personnels (vous voulez vivre en Océanie) ne sont plus en harmonie avec ceux de votre entreprise (qui veut vous envoyer dans l'Antarctique).

Si vous estimez que la seule solution pour atteindre vos objectifs consiste à quitter l'entreprise, **posez-vous les questions suivantes** :

- ✓ Ai-je connu d'autres personnes qui ont quitté cette entreprise ? Que sont-elles devenues, six mois plus tard ?
- ✓ Qu'est-ce qui, dans cette entreprise, m'incite à aller voir ailleurs ?
- ✓ Si je quittais l'entreprise, quelles seraient mes chances à long terme ailleurs ?
- ✓ Que devrais-je abandonner ici (ce qui me plaît dans l'entreprise) ?
- ✓ Quels avantages ou privilèges devrais-je laisser tomber ?
- ✓ Suis-je capable de faire la différence entre la prise en main de mon avenir et la fuite en avant ?

J'avais toujours fui en avant... dès que je m'ennuyais, dès que j'avais un patron irascible, dès que je n'obtenais pas ce que je désirais dans la minute qui suivait. Mais aujourd'hui, j'ai décidé de m'accrocher. Je sais que je suis prêt à créer ma propre entreprise, j'ai fait toutes les recherches nécessaires à cet effet. Je pars, mais je sais exactement où je m'en vais.

Avant de choisir cette option, lisez le dernier chapitre « Si vous devez absolument partir ».

Pour vous ouvrir des horizons nouveaux, vous devrez envisager des solutions que vous n'aviez jamais prises au sérieux : un pas de côté ou un pas en arrière. Pourquoi ne pas envisager des objectifs multiples... simultanément ?

Aperçu dans le port de San Francisco.

Chapitre 8

Montez à bord

Ce n'est pas parce que vous avez été engagé que vous êtes forcément à bord. Les premiers mois, vous devrez chaque jour faire un effort pour vous intégrer, vous vendre, vous réinventer. C'est essentiel pour votre succès et votre satisfaction professionnelle.

Quelqu'un a voulu de vous. Le premier jour, on vous a offert une broche, des clés, un uniforme, une fiche de pointage ou une carte d'identité. On vous a installé dans un bureau, fourni tous les mots de passe nécessaires, fait imprimer des cartes professionnelles. Ensuite, débrouillez-vous !

Revenons en arrière. Qu'est devenu le comité d'accueil ? Que sont devenues les séances d'orientation ? Si l'équipe qui vous a embauché était là pour vous souhaiter la bienvenue et vous orienter, si l'on vérifie périodiquement que tout va bien, vous avez beaucoup de chance. Si tel n'a pas été le cas, ne vous attristez pas et n'attendez plus. C'est à vous de vous hisser à bord et d'y rester.

Des ponts, pas seulement des passerelles

Pour vous hisser à bord, vous devrez comprendre les exigences de votre travail, l'ambiance de l'entreprise, les normes professionnelles, les politiques et les règlements, les objectifs, la stratégie et les valeurs de l'organisme. Vous devrez comprendre comment la direction entrevoit l'avenir et qui sont les personnages clés de l'entreprise. Vous aurez beaucoup à apprendre.

La liste qui suit vous aidera à dégager les points auxquels vous devriez commencer à réfléchir. (Notez que même si vous travaillez dans la même entreprise depuis des années, vous avez certainement encore beaucoup de choses à apprendre.)

- ✓ Je suis capable de décrire ce que l'on attend de moi.
- ✓ Je suis capable de décrire les responsabilités des gens avec lesquels je travaille le plus souvent.
- ✓ Je sais ce qu'il faut savoir pour m'intégrer dans l'équipe.
- ✓ Je connais les politiques et les règlements officiels les plus importants.
- ✓ J'ai commencé à apprendre certaines des règles « tacites ».
- ✓ Je sais quelles sont les qualités nécessaires pour obtenir de l'avancement dans l'entreprise.
- ✓ Je suis capable de décrire les responsabilités et les fonctions des principaux services de mon entreprise.
- ✓ Je peux expliquer comment mon employeur utilise les résultats de mon travail.
- ✓ Je sais à qui m'adresser lorsque j'ai une question à poser.
- ✓ Je suis capable de décrire l'orientation stratégique que mon équipe ou mon entreprise prévoit d'adopter à l'avenir.

Si vous ne pouvez cocher aucune des cases ci-dessus, il est temps de commencer votre petite enquête. Lisez, posez des questions, nouez des relations et réfléchissez.

Lisez

Vous trouverez les renseignements dont vous avez besoin dans les bulletins, les rapports annuels, les codes de règlements et les revues professionnelles. Lisez tout ce qui vous tombe sous la main concernant l'historique de l'entreprise, les gens qui y travaillent, les principes et les politiques en vigueur. Visitez le site Web ou l'intranet de l'organisme, ce sont des mines de renseignements.

Posez des questions

Une fois vos lectures terminées, vous serez bien équipé pour poser des questions pertinentes. En outre, vous saurez à qui vous adresser : votre supérieur, un collègue chevronné, des membres d'autres services. Par exemple, invitez à déjeuner un **collègue de confiance**. Demandez-lui s'il accepterait de vous aider à en apprendre davantage sur l'organisme. S'il accepte, allez-y de vos questions :

- Y a-t-il quelque chose que vous auriez aimé savoir lorsque vous êtes entré ici ?
- Quels ont été les moments clés de l'histoire de l'organisme ?
- Qui sont les gens les mieux informés de tout ce qui se passe ici ?
- Quelle a été votre plus grosse surprise ? votre plus grosse déception ?
- Quel conseil me donneriez-vous pour m'aider à réussir ma carrière ici ?
- Qui fait quoi ?

> J'étais complètement perdue jusqu'à ce que je demande à un collègue de m'expliquer qui faisait quoi. Cette toute petite question a été le prélude d'une conversation d'une heure à ce moment-là et d'autres rencontres ultérieures, sur un large éventail de sujets, des règlements aux influences. Au demeurant, j'ai compris pourquoi les

adjoints à l'administration me lançaient des regards noirs. Pendant des semaines, je m'étais évertuée à leur confier des tâches qui étaient bien loin de figurer dans leurs descriptions de fonctions.

Ensuite, allez trouver votre **supérieur** et interrogez-le :
- Quels sont les principaux défis que doivent relever notre équipe, notre service ou notre entreprise ?
- Que faut-il faire pour réussir sa carrière ici ?
- Quels écueils devrais-je contourner ?
- Qui devrais-je apprendre à connaître, personnellement ou de réputation ?
- Quels sont les principaux débouchés qui s'offrent à notre organisme ? Parmi eux, quels sont les plus excitants ?
- Comment les responsabilités de mes coéquipiers s'harmonisent-elles avec les miennes ?

Ces conversations vous aideront à comprendre l'organisme dont vous faites désormais partie. Vous serez ainsi en mesure de vous intégrer plus facilement.

Nouez des relations

Allez déjeuner avec vos collègues. Assistez aux réunions du personnel. Portez-vous volontaire pour faire partie des groupes de travail. Faites-vous des amis. Toutes ces relations vous aideront à mieux connaître votre travail et votre entreprise et à vous intégrer dans votre équipe ou dans l'organisme.

Réfléchissez

Songez à tout ce que vous avez appris au cours de vos conversations avec votre supérieur et vos collègues de même que durant vos lectures. Que désirez-vous apprendre maintenant ? Que lirez-vous ? À qui vous adresserez-vous ? C'est un travail sans fin.

L'histoire se poursuit

Aujourd'hui, il serait erroné de croire que parce que vous avez été embauché par une entreprise, vous avez un travail à vie. Les restructurations et les réductions d'effectifs successives vous forceront à défendre votre emploi. En tout état de cause, c'est comme si vous deviez chaque jour vous faire réengager par votre supérieur, votre équipe et votre entreprise. Posez-vous la question : « Si j'étais à leur place, m'embaucherais-je ? » Pour répondre par l'affirmative, vous devrez prendre et reprendre les mesures suivantes :

✓ **Produisez.** Rendez-vous indispensable (ou presque) en travaillant consciencieusement, en vous perfectionnant, en entretenant de bonnes relations avec vos collègues et vos supérieurs. Acquérez la réputation d'un employé sur lequel on peut compter, beau temps, mauvais temps.

> Mon patron m'a expliqué, à l'occasion d'une récente compression des effectifs, que je ne serais pas mis à pied bien que mon service ait perdu plusieurs employés compétents. « Tout le monde estime, m'a-t-il dit, qu'il nous faudrait au moins dix personnes de plus dans ton genre. » Un bon rendement ne garantit pas la sécurité d'emploi, mais il y contribue drôlement !

✓ **Préparez-vous.** Rédigez un curriculum vitæ à usage interne et tenez-le à jour. Où votre carrière vous a-t-elle entraîné ? Quelles sont vos principales réalisations ? (Fournissez des données quantitatives.)

Vos compétences sont-elles à jour ? Quelles sont les qualités et les capacités qui font de vous la personne idéale pour ce poste ? Possédez-vous un bon réseau interne ?

> Mon supérieur m'a montré les curriculum vitæ des derniers arrivants. J'ai été éberlué de constater à quel point les choses ont évolué. Du coup, j'ai mis le mien à jour, j'y ai inclus des exemples de mes récentes réalisations, y compris les sommes que j'avais fait économiser à l'entreprise et les nouveaux clients que j'avais acquis. J'ai obtenu de l'avancement et, bien que mon curriculum vitæ n'ait pas été le seul facteur décisif, je suis certain qu'il a joué un rôle important, en démontrant à mes employeurs que j'étais à la page et que je savais être compétitif.

✓ **Présentez-vous.** Comment vous présentez-vous dans l'organisme ? Quelle est votre réputation ? Comment les autres vous voient-ils ? (Vous voient-ils vraiment ?)

> J'ai demandé à une amie, au travail, de me révéler comment les autres me voyaient, en cinq qualificatifs (pas forcément positifs !). C'est ce qu'elle a fait. (C'est une excellente amie !) Maintenant que je connais ma réputation, je peux décider d'y apporter les changements pertinents.

✓ **Vendez-vous.** Lancez une discrète campagne interne de commercialisation. Comment vous vendre dans votre organisme (sans passer pour un vantard, naturellement) ? Comment nouer des liens plus efficaces ? Comment faire connaître vos réalisations ?

Je ne m'étais jamais vantée de mes réalisations. J'imaginais que la qualité de mon travail suffirait à me faire connaître. Quelle erreur! Désormais, j'envoie une note de service ou un courriel à mon patron chaque fois que je réussis quelque chose. J'utilise comme prétexte la nécessité de le tenir au courant, mais cela sert mes intérêts, bien entendu. J'ai récemment obtenu le prix d'excellence du service à la clientèle. Je suis convaincue que tous les messages que j'envoie à mon patron ont joué leur rôle là-dedans.

**N'attendez pas que votre supérieur ou
d'autres collègues vous prennent
par la main ou vantent vos mérites.
Faites-le vous-même.
Se hisser à bord en vue de s'intégrer est parfois difficile,
mais le succès et la satisfaction
vous attendent sur le pont.
Apprenez tout ce qu'il est possible d'apprendre
sur l'organisme.
Ensuite, soyez productif, préparez-vous,
sachez vous présenter et vous vendre tous les jours.
Ne confiez pas votre intégration dans l'entreprise
au hasard ou à la chance.**

Chapitre 9

Soyez informé : branchez-vous !

Enfants, nous soupçonnions déjà que savoir, c'était pouvoir. Nous confions un secret à l'un, avec ordre de n'en rien dire à l'autre... Nous avions ainsi l'impression de détenir un certain pouvoir. Une fois devenus adultes, nous avons constaté que rien n'avait changé. Nous avons encore besoin de sentir que nous faisons partie d'un certain « circuit de l'information », voire d'être dans le secret des dieux. Au demeurant, c'est une question de survie. Pourquoi ? Parce qu'en recevant des informations exactes et opportunes :

- nous sentons que nous sommes des membres appréciés de l'équipe ;
- nous comprenons l'importance de notre rôle et nous nous sentons motivés pour accomplir un travail productif ;
- nous sommes en mesure de faire des choix professionnels en toute connaissance de cause ;
- nous pouvons prendre des mesures qui maintiennent notre travail à la fine pointe de l'efficacité ;
- nous comprenons les rouages et la culture de notre lieu de travail.

Faites-vous partie de ce circuit ? Savez-vous exactement ce qui se passe autour de vous ? Dans un monde idéal, votre supérieur et la haute direction devraient vous tenir au courant, surtout en période de changements majeurs. Malheureusement, rien n'est parfait. Il est fort possible, et ce, pour plusieurs raisons, que vous soyez tenu dans l'ignorance d'informations qui jouent pourtant un rôle important pour votre succès et votre satisfaction. Si tel est le cas, n'attendez plus. Prenez la situation en main et branchez-vous pour obtenir toute l'information.

Faites-vous partie du circuit de l'information ?

> Avez-vous déjà eu l'impression d'être le dernier à apprendre un fait crucial ? Imaginez ma réaction lorsque j'ai ouvert le journal, un dimanche matin, pour y lire que le magasin qui m'employait venait d'être vendu à une grande chaîne. Je ne m'étais jamais senti aussi ignorant. Et j'ai fait en sorte que cela ne m'arrive plus.

Vous êtes peut-être à l'extérieur du circuit :
- si vous constatez que des changements majeurs se produisent dans votre organisme (restructuration, nouvelle direction, réduction des effectifs, déplacement des cadres, etc.), sans savoir exactement pourquoi ni quelles en seront les répercussions dans votre cas ;
- si l'on répond à vos questions par le silence ou un regard gêné ;
- si les autres semblent comprendre des aspects du fonctionnement de l'entreprise qui demeurent totalement obscurs pour vous ;
- si les médias sont votre principale source de nouvelles concernant votre entreprise.

N'attendez pas que quelqu'un d'autre vienne vous fournir toute l'information nécessaire. Allez la chercher vous-même.

Bâtissez votre réseau

> J'ai compris un jour que je vivais dans une bulle. Je déjeunais tous les midis dans mon bureau, je n'assistais jamais aux fêtes, je me promenais rarement dans les couloirs, je ne bavardais pratiquement jamais avec mes collègues. Je ne suis pas un ours, loin de là. J'ai simplement beaucoup de travail et j'y consacre toute mon énergie.
>
> Malheureusement, je passais à côté d'informations cruciales sur tout ce qui se produisait au sein de l'organisme. J'ai été l'un des derniers à être mis au courant d'un changement majeur qui se répercuterait profondément sur mon équipe. Alors, j'ai décidé que le moment était venu d'entrer dans le circuit.

Pour être au fait de ce qui se passe dans votre entreprise, voici quelques options :
- ✓ Invitez à déjeuner les membres de votre équipe et d'autres collègues.
- ✓ Déplacez-vous à des réunions en compagnie de vos collègues.
- ✓ Assistez aux fêtes, même si vous n'y êtes pas obligé.
- ✓ Notez les indices qui vous permettront de comprendre la politique de l'organisme et les aspects humains de son fonctionnement.

Faites vos devoirs

✓ Lisez les bulletins et le rapport annuel de l'entreprise.
✓ Consultez Internet, les revues professionnelles et financières, ainsi que les journaux pour y glaner les nouvelles et les tendances de votre secteur d'activité.
✓ Recherchez les antécédents de votre nouveau PDG ou vice-président. Si votre supérieur ou vos collègues ne les connaissent pas, consultez le dernier bulletin ou la page d'accueil de l'entreprise pour y trouver sa notice biographique. Sinon, posez des questions. Quelqu'un sera sûrement capable d'y répondre.

Jouez au détective

Dressez une liste de questions précises sur l'organisme et son fonctionnement. Par exemple : « Quel est le plan de dotation d'effectif dans ce service pour les deux ans qui viennent ? » ou « Quels nouveaux produits ou services sont actuellement à l'étude ? »

✓ Interrogez votre supérieur ou un vétéran de la boîte.
✓ Parlez aux gens qui ont quitté l'entreprise ; demandez-leur pourquoi ils ont démissionné.
✓ Utilisez Internet. Consultez des sites tels que Vault.com, qui récupèrent des informations d'archives.
✓ Écoutez les dernières rumeurs ; elles contiennent probablement un grain de vérité. Ne les prenez pas pour argent comptant, mais servez-vous-en comme point de départ dans votre travail de détective.

Suivez le trajet de la balle

Dans notre monde moderne, où tout est accéléré, il est souvent difficile de suivre le trajet de la balle. Au moment même où vous croyez connaître les dessous les plus secrets d'une restructuration, la haute direction change son fusil d'épaule. Ou la compagnie est vendue. Des gens auxquels vous faites ordinairement confiance vous donnent des réponses contradictoires lorsque vous les interrogez sur la stratégie de l'entreprise. Des collègues bien placés pour être dans le secret des dieux vous annoncent qu'en réalité, ils n'ont entendu que des rumeurs sur les projets de la direction.

> Mon patron fait son possible pour nous tenir au courant. La semaine dernière, il nous a annoncé que la compagnie n'était plus à vendre. Nous avons tous poussé un soupir de soulagement. Cette semaine, il a déclaré: «Tout a changé, nous sommes de nouveau à vendre.» Il essaie de nous faire comprendre que ces valses-hésitations ne font que refléter le milieu fluctuant d'aujourd'hui.
> Je l'interroge constamment, ainsi que d'autres collègues, sur ce qui se trame autour de nous. J'ai l'impression de regarder une balle rebondir sans fin.

Gardez en mémoire que votre objectif est d'obtenir de l'information en vue de donner un rendement optimal au travail. L'information est une composante clé de votre succès et de votre satisfaction professionnelle.

Attention aux rumeurs!

Ne confondez pas le circuit de l'information avec la machine à rumeurs. Les humains, voyez-vous, ont coutume d'inventer ce qu'ils ne savent pas. Voici un exemple:

✓ La haute direction pense : « C'est trop tôt pour le leur annoncer. »
✓ Les employés pensent : « Ce silence est de très mauvais augure. »
✓ La haute direction pense : « Ces nouvelles sont trop mauvaises, nous ferions mieux d'attendre. »
✓ Les employés pensent : « La compagnie déménage à Panama. »

Et en moins de temps qu'il ne faut pour le dire, la rumeur se répand, les employés mettent leur curriculum vitæ à jour ou commencent à plier bagages.

Il est possible qu'une rumeur reflète la réalité… ou le contraire ! Si vous entendez des rumeurs, parlez-en à votre supérieur ou à d'autres personnes haut placées. Avant de croire tout ce que vous entendez, assurez-vous que c'est bien la vérité.

Les cachottiers

Vous savez que des cachottiers détiennent des renseignements qu'ils ne veulent pas vous révéler. Pourquoi ?
- Parce qu'ils craignent que vous ne les répandiez autour de vous… pour le meilleur et pour le pire.
- Parce qu'ils s'inquiètent de votre réaction.
- Parce qu'ils pensent que vous n'êtes pas intéressé ou que ces renseignements vous distrairont de vos tâches.
- Parce qu'un nouveau changement est imminent.
- Parce qu'on leur a ordonné de ne rien dire. Il s'agit peut-être renseignements confidentiels, tels que des données financières importantes pour la compagnie, des renseignements sur les salaires, des questions juridiques, des projets personnels de démission ou de retraite, des idées de succession, des plans de dotation ou de compression.
- Parce qu'ils sont trop occupés.

Si vous expliquez à ces cachottiers que vous et vos collègues avez déjà une petite idée de ce qui se trame, que votre curiosité n'est pas oiseuse, que vous vous inquiétez réellement du sort de l'entreprise, peut-être réussirez-vous à les faire parler. Vous pourriez aussi alléguer que les rumeurs sont plus dangereuses que des renseignements fiables. Le jeu en vaut la chandelle. Si cela ne marche pas, demandez quand ces renseignements seront rendus publics.

Avez-vous peur qu'on vous reproche de vous mêler de ce qui ne vous regarde pas ? Vous avez raison. Si votre supérieur résiste à vos tentatives, n'insistez pas. Soyez patient envers les gestionnaires qui vous affirment être tenus par le secret. Peut-être un jour vous retrouverez-vous dans la même situation.

N'oubliez pas de donner

Quand avez-vous fourni des renseignements à votre supérieur, à votre collègue ou à un membre de la direction pour la dernière fois ? Qu'en ont-ils fait ? Il faut espérer qu'ils vous ont écouté et, peut-être, qu'ils ont apporté certains changements à partir de ce que vous leur avez révélé.

> Je me suis portée volontaire pour assister à quelques conférences sur les soins aux patients. Ce sont des réunions au cours desquelles on discute de tous les aspects des besoins des patients. Habituellement, les aides-infirmières n'y sont pas admises, car nos supérieurs estiment que nous sommes trop occupées ou, simplement, que cela ne nous intéresse pas. C'est curieux, car personne d'autre n'a autant de contacts avec les patients. Nous sommes souvent les mieux informées de leurs besoins et de leurs désirs.

Au cours de la première conférence, j'ai expliqué pourquoi l'une des patientes devrait aller prendre ses repas à la salle à manger au lieu de manger dans sa chambre. J'ai parlé de ses progrès, physiques et émotionnels, et j'ai proposé une semaine d'essai. L'infirmière en chef m'a écoutée et elle a immédiatement pris les mesures nécessaires. Mon idée s'est révélée judicieuse. La famille, très soulagée, m'a remerciée d'avoir étudié de si près les besoins de ma patiente.

Aujourd'hui, j'assiste à toutes les conférences sur les soins aux patients. Il m'arrive de n'y rester que le temps de présenter mon point de vue. Mais tout le monde y gagne. Le personnel infirmier reçoit des informations importantes, les patients sont mieux soignés et je me sens valorisée parce que les gestionnaires m'écoutent. J'ai également appris à connaître les rouages de l'organisme et ses principes, maintenant que je suis dans le « secret des dieux ».

Même si votre histoire ne se termine pas aussi bien que celle-là, n'abandonnez pas. Vos bonnes idées méritent d'être entendues. Offrez vos suggestions, vos opinions et vos renseignements. Vous constaterez très vite que les autres en font autant.

**Donner et recevoir des renseignements, voilà
des ingrédients essentiels
à la satisfaction professionnelle.**

Soyez informé : branchez-vous !

Aperçu dans une blanchisserie.

Chapitre 10

Comptez-vous des abrutis dans votre entourage ?

Vous adorez votre travail, vous aimez l'organisme qui vous emploie, vous vous entendez à merveille avec vos collègues et vous percevez un salaire raisonnable. Une personne, une seule, fait tache dans votre univers, car, malheureusement, vous travaillez avec un abruti.

Qu'il s'agisse d'un supérieur, d'un collègue ou d'un client, tout abruti est capable de vous gâcher la vie. Son existence risque de vous inciter à prendre des mesures draconiennes, par exemple quitter l'entreprise.

Pas tout de suite.

Mais n'attendez pas que quelqu'un d'autre vienne régler le problème à votre place. Vous avez certainement la possibilité d'améliorer votre situation.

Les dizaines de gens que nous avons interrogés nous ont expliqué que les abrutis de leur entourage présentaient des comportements de ce genre :
- Ils essaient d'intimider ;
- Ils claquent les portes, ils vocifèrent ;

- Ils ne font jamais de compliments ;
- Ils dénigrent les autres ;
- Ils sont condescendants ;
- Ils sont cachottiers ;
- Ils sont arrogants ;
- Ils recueillent les lauriers ou se mettent en avant à la place des autres ;
- Ils n'écoutent pas lorsqu'on leur parle ;
- Ils exigent la perfection ;
- Ils font preuve de sexisme ou de racisme ;
- Ils se croient au-dessus des règlements ;
- Ils aiment humilier les autres ou les mettre dans l'embarras ;
- Ils blâment les autres ;
- Ils trahissent la confiance d'autrui ;
- Ils sont soupe au lait ;
- Ils « motivent » leurs subalternes par la peur ;
- Ils fixent des échéances impossibles à respecter ;
- Ils n'ont aucune considération pour autrui ;
- Ils rompent leurs promesses ;
- Ils sont méfiants ;
- Ils font de la microgestion.

Les recherches sur la psychologie des émotions confirment ce que nous savions déjà intuitivement : les sentiments et, à plus forte raison, les comportements d'autrui se répercutent sur notre bien-être. Ce n'est pas une manifestation de faiblesse, c'est simplement parce que nous sommes reliés les uns aux autres, que nous le voulions ou non.

Il est à noter que dans ce chapitre, et tout au long de ce livre, nous utilisons le masculin pour alléger le style et non parce que les abrutis sont forcément des hommes. Vous apprendrez avec plaisir, ou contrariété, que les abrutis sont présents parmi toutes les tranches d'âge, dans toutes les cultures, toutes les professions et, incontestablement, chez les deux sexes.

> Il était soupe au lait. S'il s'était disputé avec sa femme ou s'il avait dû envoyer un gros chèque au Service des impôts la veille, il était d'une humeur massacrante le lendemain. Naturellement, ses sautes d'humeur se répercutaient sur chacun de nous. J'essayais de ne pas me laisser déprimer, mais c'était presque impossible.

Si vous vous trouviez dans cette situation, que feriez-vous ?

Modifiez, acceptez ou évitez

Voici les trois options qui s'offrent à vous.

Modifiez

Le mot « modifier » signifie changer, et non pas transformer. Par conséquent, lorsque vous essayez de modifier une situation, vous n'essayez pas de transformer les personnes concernées, vous vous contentez d'apporter des changements à leur comportement.

> J'en avais ras-le-bol de ce type mal embouché. J'ai décidé de lui parler. J'étais si nerveuse que j'ai demandé conseil à quelques collègues. Tous ont convenu que je devais effectivement crever l'abcès et ils m'ont aidée à formuler une stratégie d'approche.
> Je lui ai demandé de discuter de mon efficacité et de notre relation de travail. J'ai pris une grande respiration, puis j'ai sollicité son aide. Je lui ai expliqué que

lorsqu'il était déprimé, son comportement se répercutait sur ma journée de travail. Moi aussi, je déprimais. Je lui ai demandé de collaborer avec moi pour trouver une solution. J'ai affirmé être prête à apporter des changements à mon propre comportement, si cela devait améliorer notre relation professionnelle.

Nous avons parlé pendant plus d'une heure. Je sais qu'il était choqué (et sans doute blessé ou irrité !). Mais il m'a déclaré n'avoir jamais réalisé à quel point ses sautes d'humeur se répercutaient sur ses collègues. Il a affirmé qu'elles n'avaient rien à voir avec moi et qu'il attachait un grand prix à notre relation de travail.

Pour le moment, il a accepté de faire un effort, les jours (ou les semaines) où il se sentira de mauvaise humeur. Il sait qu'il a besoin de tranquillité ces jours-là. Nous avons donc convenu d'un signal (par exemple, il fermera la porte de son bureau). Il croit que s'il peut jouir d'un peu de calme et de silence, sa mauvaise humeur ne rejaillira pas sur moi.

Je suis optimiste. Nous allons faire un essai. Puis nous nous réunirons de nouveau dans quelques semaines. Nous avons accepté de modifier cette stratégie en fonction des besoins, jusqu'à ce que le problème ait entièrement disparu.

Voici quelques suggestions :
- ✓ Sollicitez les conseils de gens expérimentés, qui ont vécu ce genre de situation. Répétez votre entretien avec eux.
- ✓ Exprimez-vous ! Prenez votre courage à deux mains et allez dire deux mots à l'abruti qui vous gâche la vie. Demandez-lui de modifier son comportement et expliquez clairement pourquoi (pour

accroître votre efficacité, améliorer vos relations, être plus productif, atténuer le stress, etc.). Toutes vos raisons doivent s'articuler autour d'une amélioration de la qualité du travail et d'une augmentation de la productivité.

✓ Modifiez votre propre comportement afin de l'inciter à modifier le sien. Ensuite, prenez du recul.
- Demandez-lui s'il attend de vous quelque chose de différent et concluez une entente que vous pourrez modifier ultérieurement, le cas échéant.
- Au lieu de vous déconnecter, essayez d'augmenter votre productivité de 25 p. 100 dans le cadre d'un travail conjoint.
- Essayez de nouvelles stratégies, faites-lui des compliments, apportez-lui un soutien moral, essayez de réagir différemment.

Acceptez

Le mot « accepter » signifie recevoir de bon gré, admettre ou approuver, considérer comme normal, approprié ou inévitable.

> Je travaille avec ce collègue depuis des années. Au départ, son attitude condescendante me portait sur les nerfs. J'ai appris à m'en accommoder. Il possède malgré tout beaucoup de qualités. Plus j'en apprends sur sa vie privée – sa situation familiale, ses antécédents, etc. –, mieux je le comprends. Je crois que, dans son cas, les qualités l'emportent tout de même sur les défauts.

> *Je n'aime pas ce type. Je devrais apprendre à mieux le connaître.*
> ABRAHAM LINCOLN

Voici quelques suggestions :
- ✓ Dressez deux listes : ce qui vous plaît et ce qui vous déplaît chez cette personne. Si la première se révèle plus longue (ou contient des aspects plus importants) que la seconde, peut-être déciderez-vous tout simplement d'accepter ses défauts.
- ✓ Faites preuve d'une grande curiosité. Allez prendre le café ou déjeunez avec lui et faites-le parler. Essayez de comprendre ce qui l'intéresse. Si vos opinions divergent, dites-vous simplement : « Ah bon, c'est intéressant ! »
- ✓ Dites-lui ce que vous appréciez chez lui. Lorsqu'il fait quelque chose de bien, remerciez-le. Ainsi, vous renforcerez ce que vous jugez positif chez lui.

Évitez

Le mot « éviter » signifie se retirer, contourner, s'éloigner, se tenir à distance. L'une des stratégies, pour éviter un abruti, consiste donc à se trouver le moins souvent possible sur son chemin.

> J'adore mon travail. Je suis très autonome, j'ai des subalternes et des collaborateurs. La seule ombre au tableau, c'est l'un de mes collègues, qui est très soupe au lait. Nous ne nous entendons pas du tout. J'ai réussi à éviter les équipes dont il fait partie et je m'esquive dès que je le vois arriver. La situation n'est pas idéale, mais pour le moment, ça nous convient à tous les deux.

Pour éviter un abruti, organisez votre emploi du temps, votre travail et vos sorties en société de manière à ne pas le croiser.

Et enfin…

Ne perdez pas espoir. Les abrutis, comme les autres, déménagent. Son remplaçant pourrait devenir l'un de vos meilleurs amis.

Que faire si l'abruti est votre supérieur ?

Les suggestions ci-dessus sont valables dans cette situation. Toutefois, les enjeux sont plus importants et certaines stratégies plus délicates doivent être mises en œuvre. Il peut être difficile, en effet, d'éviter votre supérieur tous les jours. À ce propos, nous avons discuté avec un gestionnaire qui avait réussi ce tour de force : son patron travaillait à l'étranger.

Souvenez-vous que les stratégies que vous apprendrez à utiliser au travail vous seront également utiles dans la vie de tous les jours.

Nous vous suggérons également de consulter les résultats de notre enquête sur les abrutis (*Jerk Survey*), qui sont affichés dans notre site Web (www.keepem.com). En effet, des centaines de gens nous ont expliqué quels types de comportements les agaçaient le plus. *Ex aequo* en tête de liste, à l'heure où nous écrivons : dénigrer les autres et mentir.

Qui ? Moi ?

Relisez la liste des comportements insupportables qui figure au début de ce chapitre et consultez ensuite votre miroir. Vous arrive-t-il parfois de vous comporter en abruti ? Si vous n'êtes pas certain de la réponse, posez la question à un ami, à l'un de vos enfants ou à votre partenaire de vie. Puis faites un effort pour éliminer ce type de comportement. Vos collègues, vos clients, vos supérieurs, vos subalternes, vos amis et votre famille s'en rendront compte. Peut-être même vous en remercieront-ils.

Qu'en est-il de votre comportement envers vous-même ? Vous arrive-t-il de vous dénigrer, de vous refuser des compliments, de vous blâmer ? Vous fixez-vous des échéances impossibles à respecter ? Vous reprochez-vous ensuite de ne pas avoir réussi à les respecter ? Ne songez pas qu'aux autres, songez aussi à vous-même !

Au lieu d'être la victime d'un abruti, prenez une décision : modifiez, acceptez ou évitez la situation. Peut-être que vous ne parviendrez pas à débarrasser votre lieu de travail de tous les abrutis qui y sévissent, mais vous êtes certainement en mesure de limiter les dégâts !

Aperçu dans un café.

Chapitre 11

Vous amusez-vous ?

Quand avez-vous eu le fou rire pour la dernière fois au travail ?
- L'an dernier ?
- Le mois dernier ?
- La semaine dernière ?
- Hier ?

Si vous avez répondu « hier », vous souriez sans doute encore en lisant ces lignes. Si vous ne vous souvenez pas de votre dernier fou rire, c'est probablement parce que vous travaillez dans un environnement professionnel qui présente beaucoup de points communs avec une morgue.

Attention ! rire interdit !

À un moment donné, trois d'entre nous sont sortis de leurs bureaux respectifs et ont commencé à bavarder dans le vestibule. Je ne me souviens pas de ce que l'un de nous a dit, mais soudain, nous étions tous les trois pliés de rire (assez bruyamment, je l'admets). Le patron a émergé de son sanctuaire, le visage empourpré de fureur : « Vous croyez que c'est pour vous marrer que je vous paye ? » Une large part des effectifs a démissionné dans les six mois qui ont suivi. Qui a envie de travailler pour un tel éteignoir ?

Pour beaucoup de gens, le rire est un moyen très sain de soulager le stress lié au travail et à la vie quotidienne. Si vous travaillez dans un environnement où le rire est mal vu, vous serez tenté de démissionner. Ne le faites pas. Et n'attendez pas non plus que votre supérieur ou le vice-président du Rire (riez tant que vous voulez, certaines entreprises en possèdent un !) se mettent à vous raconter des histoires drôles pendant les heures de travail. Prenez les choses en main, soyez créatif et injectez le rire dans votre environnement professionnel.

Un vendredi soir, nous étions plusieurs à travailler tard. Nous avons commencé à nous plaindre de choses diverses, y compris de la triste condition des toilettes du quatrième étage. Mais au fait, qu'attendions-nous pour y remédier ? Le lendemain, les hommes se sont occupés des toilettes des femmes et les femmes de celles des hommes. Nous nous en sommes donné à cœur joie ! Nous avons peint des fresques murales multicolores, suspendu des rideaux bizarres, disposé des bibelots amusants sur les tablettes. Dans les toilettes des femmes, on a utilisé des exemplaires du rapport annuel pour tapisser les couvercles des sièges. Chez les hommes, on a ajouté une liste encadrée, intitulée « Pause toilettes ? Cent idées ! ». Après avoir ri comme des fous, nous sommes tous allés dîner ensemble. Et nous avons recueilli des idées pour notre prochaine Fête du rire.

Même si cela ne peut se faire dans votre organisme ou si ces agissements ne correspondent pas à votre conception personnelle de l'amusement, les possibilités ne manquent pas.

Je suis secrétaire de direction depuis une quinzaine d'années. J'aime beaucoup préparer les exposés « PowerPoint » de mon patron, car je m'amuse à y inclure des effets sonores et visuels. Il adore. Quant à moi, je peux exploiter ma veine créative.

Ou bien :

Mes collègues et moi rions tout au long de la journée, pour trois fois rien.

Nous avons décoré le bureau du patron pour son anniversaire. Nous avons utilisé cinq sacs de confettis que nous avons sortis du déchiqueteur.

De temps à autre, nous allons tous manger une pizza en sortant du travail.

Mes collègues sont intelligents et ont le sens de la répartie. C'est un plaisir de leur répondre du tac au tac.

Nous avions entrepris un travail énorme, assorti d'un délai serré et, à un moment donné, nous avons été contraints de passer une nuit entière au bureau. Je ne souhaite pas que cela se reproduise trop souvent, mais je dois avouer que nous avons bien ri, ce soir-là. Lorsque tout a été terminé, nous nous sommes sentis fiers de nous.

Que vous soyez secrétaire de direction, garçon de café ou graphiste, les occasions de rire ne manquent jamais. Les saisissez-vous ?

Ouvrez la voie

Si vous voulez vous amuser, ouvrez la voie. Soyez le premier à suspendre une cible pour fléchettes dans votre bureau, à former une équipe de football ou à suggérer d'acheter un aquarium pour décorer le vestibule.

> Comme nous travaillions sans arrêt depuis quelques jours (et quelques nuits), nous avons décidé qu'il était temps de marquer une pause. Nous avons demandé au patron un peu d'argent pour organiser un pique-nique, le samedi suivant, dans un parc. Nous avons suggéré aux gens d'apporter des instruments de musique, du matériel de sport, etc., pour faire partager leurs loisirs aux autres. Non seulement nous sommes-nous amusés comme des fous, mais encore avons-nous appris sur nos collègues des choses que nous n'aurions jamais soupçonnées. Par exemple, l'un d'entre eux jouait dans un groupe rock et l'autre était un passionné de radio amateur.

Pensez petit: Des activités peu coûteuses peuvent servir à alléger l'atmosphère.

Pensez léger : Les jeux de mots, les histoires drôles (de bon goût !) suffisent parfois à éliminer le stress.

Pensez créatif : N'hésitez pas à innover. Vous faites preuve de créativité dans votre travail, pourquoi ne pas exploiter ce talent au moment de la pause ?

**N'attendez pas qu'un amuseur professionnel vous prenne en main.
Si vous avez envie de vous amuser, ajoutez le rire à votre description de tâches.
Réfléchissez, invitez des collègues à injecter du rire dans la journée de travail.
À quoi ressemblera votre environnement professionnel ensuite ?**

Aperçu dans un bistrot.

Chapitre 12

Nouez des relations

La plupart des gens accordent un grand prix à leurs relations. En nouant des liens avec autrui, nous vivons des moments agréables tout en accroissant nos capacités et en augmentant nos chances de succès, tant sur le plan personnel que professionnel. Nos recherches nous ont révélé que l'une des trois principales raisons pour lesquelles les gens conservaient leur emploi était la présence, dans l'organisme, de « collègues fantastiques ». Est-ce votre cas ?

> Nos concurrents venaient faire du maraudage en nous offrant 20 p. 100 de plus que notre employeur. Mes amis me jugeaient ridicule de refuser leur offre. Mais j'avais l'impression que je ne retrouverais nulle part l'esprit de camaraderie qui régnait dans mon équipe. Je n'avais jamais eu des collègues aussi sympathiques, aussi brillants, aussi agréables.

Les liens, pour nous, signifient le travail d'équipe, la collaboration, l'interaction, le partage, l'information, la coordination et l'établissement de réseaux. Toutes ces activités sont essentielles dans notre univers changeant, ultrarapide et basé sur la technologie.

Les chaînons manquants

Certains travaillent pendant des années dans l'isolement total. Mais ces gens-là sont aussi rares sur la planète que les véritables ermites. Nous avons tous besoin de nouer des liens avec nos collègues, d'entrer en contact avec d'autres services, de nous rapprocher des objectifs de l'entreprise, voire d'appartenir à une communauté quelconque, en dehors de l'organisme.

Au travail, certains chaînons vous manquent, si :
- vous n'avez pas d'atomes crochus avec les membres de votre équipe ;
- vous êtes seul à assumer un certain type de fonctions ou à bien les connaître ;
- vous travaillez avec des documents plutôt qu'avec des gens ;
- vous travaillez principalement à l'ordinateur, en n'ayant que de très rares contacts humains ;
- vous œuvrez dans un organisme où la concurrence est féroce et la collaboration inexistante.

Si ces chaînons vous manquent, n'attendez pas que les autres les créent à votre place. Prenez l'initiative. Vous ne vous en porterez que mieux.

*Je suis lui comme tu es nous
comme nous sommes tous ensemble.*
JOHN LENNON ET PAUL MCCARTNEY

Commencez par le commencement

Les liens les plus importants sont ceux qui vous permettent d'être en relation avec :
- votre entreprise ;
- votre équipe ou votre service.

Pour établir des liens avec un organisme, vous devez en apprendre le plus possible sur sa raison d'être, ses plans et la place qu'occupent vos propres fonctions dans sa stratégie globale. Voici comment acquérir ces connaissances :

✓ Lisez le rapport annuel, les bulletins et les politiques de l'organisme.

✓ Interrogez les collègues sur le passé récent de l'entreprise : structure, antécédents des cadres, etc.

✓ Renseignez-vous sur ce que font les autres ; assistez aux réunions entre les différents services.

✓ Engagez la conversation (autour de la cafetière, par exemple) avec vos collègues et les employés d'autres services.

✓ Siégez à des comités ou à des groupes de travail mixtes qui pourraient faciliter le travail de votre service, après avoir obtenu la bénédiction de votre supérieur.

✓ Voyez ce que pensent les consommateurs des produits que votre entreprise vend ou fabrique.

> J'ai travaillé pour une entreprise de fabrication de matériel médical pendant un an, sans savoir exactement ce que nous fabriquions ni à quoi nous servions. Cela peut paraître aberrant, mais je travaillais à la comptabilité, où nous étions submergés par les tâches quotidiennes. J'ai fini par demander à mon supérieur de me décrire les produits de la compagnie. Ensuite, il m'a lui-même suggéré d'assister à une réunion au cours de laquelle le

directeur général d'un gros hôpital de la région devait faire un exposé.

Ce directeur général avait amené avec lui un patient dont nous avions sauvé la vie grâce à notre matériel médical de pointe. Mon travail est toujours le même, mais mon attitude a changé du tout au tout. Je suis fière de travailler pour cette entreprise.

Pourquoi ne pas nouer des liens serrés avec votre équipe ? Peut-être vous suffirait-il tout simplement d'émerger de votre bureau pour apprendre à connaître vos collègues. Ainsi, vous pourriez :
- ✓ inviter un collègue à collaborer avec vous pour mener à bien une tâche précise (après avoir convaincu votre supérieur du bien-fondé de votre idée, naturellement) ;
- ✓ trouver un employé chevronné, bien connu des autres, qui accepte de vous servir de mentor (un mentor pourra également vous être utile lorsque vous chercherez à obtenir de l'avancement) ;
- ✓ communiquer avec les membres de votre équipe autrement que par courriel, de temps à autre. Faites un effort pour aller leur parler ;
- ✓ adhérer à l'une des équipes de sport de l'entreprise ;
- ✓ proposer vos services pour organiser la prochaine réception ;
- ✓ trouver des moyens d'intensifier la collaboration. Interrogez vos collègues, montez un dossier dont vous discuterez ensuite avec votre supérieur.

Dans notre maison d'édition de manuels scolaires, notre supérieur commençait par interroger les directeurs de collection pour savoir quels seraient leurs besoins en matière de graphisme. Ensuite, nous recevions un rapport sur ces réunions. Chacun de nous travaillait dans son coin, puis envoyait ses idées aux directeurs de collection par l'entremise du supérieur.

Nous n'avions aucune idée de la réaction des directeurs de collection, nous n'étions jamais informés de la sortie des livres, nous n'avions aucune idée de ce que faisaient nos collègues.

Notre créativité n'y trouvait pas du tout son compte. Finalement, l'une des graphistes, qui venait tout juste d'être engagée, a expliqué au patron que dans la maison d'édition où elle travaillait auparavant, les graphistes travaillaient en équipe pour des groupes de directeurs de collection. Elle a décrit quelques-uns des avantages de ce système, en matière de productivité.

Notre supérieur a trouvé l'idée judicieuse, car cela lui permettrait de mieux équilibrer nos charges de travail et lui éviterait de perdre du temps à jouer au messager. Il a convaincu les directeurs de collection et aujourd'hui, je fais partie d'une équipe créative, qui accomplit un travail de pointe.

Et l'extérieur ?

N'oubliez pas qu'il est également important de nouer des liens avec le monde extérieur, à savoir :
- les membres de votre profession ;
- les membres de votre communauté.

Pour nouer des relations avec les autres membres de votre profession, voici quelques idées :
- ✓ Lorsque vous venez d'assister à une conférence professionnelle, même s'il ne s'agit que d'un petit colloque local, parlez-en à votre supérieur et à quiconque pourrait s'y intéresser. Proposez de faire un petit exposé à l'occasion de la prochaine réunion du personnel.

✓ Il y a certainement des gens, dans votre service ou dans l'entreprise, qui aimeraient adhérer à votre organisation professionnelle ou qui en sont déjà membres. Arrangez-vous pour assister ensemble aux réunions.
✓ Adhérez à un groupe régional ou à un petit comité de votre association professionnelle. Il arrive souvent que les idées et les informations soient plus faciles à échanger au sein de petits groupes.
✓ Existe-t-il des regroupements professionnels dont vous ignorez l'existence ? Interrogez vos collègues à ce propos.
✓ Quelle est la politique de votre entreprise relativement au remboursement des cotisations et des frais de déplacement aux conférences annuelles ? Demandez à votre supérieur si l'entreprise adhère à l'association professionnelle. Si tel n'est pas le cas, adhérez à titre de particulier. (Même si votre entreprise ne s'y intéresse pas, n'hésitez pas à cotiser. En outre, il est fort possible que les frais soient déductibles de votre revenu !)

En participant à des activités communautaires ou en adhérant à des associations locales, vous rencontrerez vos collègues en dehors du cadre professionnel, tout en apportant votre contribution à la société, parfois au nom de votre entreprise. Par exemple :
✓ Vous pourriez offrir vos services (nettoyage du bord des routes, aide aux familles dans le besoin, bénévolat dans les écoles et les hôpitaux, etc.). Trouvez les moyens de faire profiter le monde extérieur de vos compétences.
✓ Proposez à votre supérieur une campagne de bénévolat à l'échelle du service, organisée de telle sorte que l'entreprise en recueille les lauriers.
✓ Invitez vos collègues à participer à des activités collectives : « Qui est prêt à venir construire une maison samedi prochain ? Pizza pour tous ! »

✓ Invitez des gens d'autres services à se joindre à vous dans le cadre d'activités extérieures.
✓ Adhérez à un club social, c'est l'endroit idéal pour nouer des liens et faire connaissance.

Des relations réciproques

L'expression latine *quid proquo* signifie « quelque chose pour quelque chose ». C'est la définition d'un échange. Votre réseau de connaissances ne doit pas avoir pour unique raison d'être la poursuite de vos ambitions personnelles et égoïstes.

> J'ai découvert l'équipe idéale et j'ai rencontré quelques collègues très sympathiques lorsque je suis passée du développement aux ventes. J'avais tellement besoin d'information et d'encouragements dans mon nouveau poste, que j'absorbais comme une éponge tout ce que l'on me disait. Au bout de quelques mois, cependant, certains de mes nouveaux collègues sont devenus plus distants. J'ai commencé à me sentir isolée et mal à l'aise. Heureusement, l'un d'eux m'a gentiment fait comprendre que depuis mon arrivée, j'observais et j'apprenais, sans rien donner en échange. Quel choc ! Depuis que j'ai pris l'habitude de donner tout autant que de recevoir, l'atmosphère a changé et j'ai recommencé à me faire des amis.

La réciprocité directe n'est pas la seule méthode d'échange. Un ouvrage intitulé *Pay It Forward* (Payez au suivant) suggère que lorsque nous recevons quelque chose d'utile, nous le « rendions » en aidant trois autres personnes.

✓ Lorsque quelqu'un vous a aidé, remerciez-le immédiatement. Puis allez au-delà des simples remerciements en consacrant du temps à d'autres personnes, susceptibles de tirer profit de vos compétences ou de votre expérience.
✓ Informez-vous sur ce qui intéresse vos collègues et lorsque vous tombez sur des renseignements pertinents, partagez-les avec eux.

Au bout du compte, tout le monde y gagne. Imaginez un environnement de travail dans lequel les gens se comporteraient tous de cette façon. Peut-être pourriez-vous donner le coup d'envoi dans votre service ?

N'attendez pas que votre supérieur ou vos collègues nouent des liens pour vous. Faites le premier pas et renforcez les liens entre vous et les autres, à l'intérieur comme à l'extérieur de votre organisme.

Aperçu dans un restaurant à Hawaï.

Chapitre 13

Trouvez un mentor

Qu'est-ce qu'un mentor ? Le dictionnaire *Le Petit Robert* définit ce terme ainsi : « Guide, conseiller sage et expérimenté. » Qui a besoin d'un mentor ? Si nous en croyons cette définition, nous en avons tous besoin, tout au long de notre vie.

Votre organisme offre-t-il des mentors aux nouveaux arrivants ? Existe-t-il des programmes à l'intention des employés prometteurs ? Si tel est le cas et si l'on vous offre d'y participer, acceptez immédiatement. Mais s'il n'existe pas de programme de mentorat ou si personne ne vous propose d'en bénéficier, n'attendez pas : allez à la recherche des personnes susceptibles de jouer ce rôle. Vous en trouverez sur place, vous pouvez en être assuré.

> J'ai cherché un mentor. Je voulais rencontrer quelqu'un d'expérimenté, capable de me conseiller tout au long de ma carrière. Lorsque j'ai demandé à un cadre distingué d'être mon mentor, j'ai reçu d'excellents conseils. Tout d'abord, cette personne m'a suggéré de ne pas me limiter à un seul mentor. Elle a accepté de

me guider, mais estimait que d'autres employés possédaient également des compétences qui me seraient utiles. J'ai donc réuni une sorte d'équipe constituée de gens talentueux, extrêmement brillants, qui m'aideront tout au long de ma carrière. Voilà plus de trois ans qu'ils sont mes mentors. Grâce à eux, j'ai acquis beaucoup de nouvelles compétences et une grande confiance en moi.

Comment trouver un mentor ?

En quête d'un sage

Il n'est pas dit que le mentor de quelqu'un d'autre vous conviendra (et vice-versa). Pour commencer, dressez la liste de vos besoins. Pour vous y aider, **posez-vous les questions suivantes :**
- Quelles compétences ou qualités aimerais-je acquérir ? Quelle personne serait la mieux placée pour m'aider ?
- Devrais-je rechercher une personne qui me ressemble ou, au contraire, complètement différente ?
- Devrait-il s'agir d'une personne que je connais déjà ? Ou serait-il préférable d'élargir mon réseau en recherchant quelqu'un que je ne connais pas du tout ?
- Combien de temps pourrais-je y consacrer ?

Une fois que vous saurez que ce que vous voulez, commencez à chercher.

Recherchez des mentors dans votre service et en dehors. Peu à peu, vous verrez émerger des candidats. Vos mentors ne doivent pas être forcément plus âgés que vous. Ils peuvent être plus jeunes que vous, occuper des positions subalternes par rapport à vous, exécuter des tâches semblables aux vôtres ou, au contraire, entièrement différentes.

Entamez votre recherche ainsi :
- Écoutez les **récits**. Qui parle avec franchise de ses succès et de ses échecs ?
- Demandez **conseil**. Écoutez attentivement et jugez de la qualité des conseils que vous recevez.
- Cherchez **la personne qui sait tout**. Qui est véritablement renseigné sur le fonctionnement de l'organisme ?
- Observez les **interactions**. Qui jouit du respect et de l'admiration des autres ?
- Donnez vos idées et demandez **ce qu'on en pense**. Notez la qualité des commentaires et la manière dont on s'y prend pour vous les fournir.

Multipliez les mentors

Lorsqu'on songe à un mentor, l'image qui vient à l'esprit est celle d'une personne sage et avisée, avec laquelle on noue une relation de longue haleine. Mais de nos jours, cette forme de mentorat est assez rare. Les situations évoluent très vite, les gens déménagent, les mentors ont des emplois du temps surchargés…

La nouvelle image du mentorat diffère de l'ancienne, mais elle est tout aussi efficace. Elle fait appel à plusieurs mentors. Si vous réussissez à former votre équipe de mentors, vous constaterez que chacun vous guide à sa façon. Votre but consiste à bâtir un réseau de relations de ce genre et auxquelles vous pourrez avoir recours tout au long de votre carrière.

Vous pourriez également songer au mentorat ponctuel. Ainsi, au lieu d'être suivi et guidé pendant une longue période, vous bénéficierez des conseils de votre mentor pendant une journée, une semaine ou un mois. Une fois que vous aurez appris ce dont vous avez besoin, passez à autre chose.

En l'occurrence, voici ce que vous devrez rechercher chez vos mentors :

- **Le parrainage.** Vous aurez besoin d'une personne qui occupe un poste élevé et influent, qui vous aidera à vous faire connaître et à atteindre vos objectifs.
- **L'enseignement.** Recherchez quelqu'un qui vous aidera à acquérir de nouvelles compétences en vous offrant un enseignement, des démonstrations et des commentaires.
- **Les encouragements.** La personne choisie doit être capable de vous écouter, de vous fournir des critiques constructives, d'analyser avec vous vos doutes, vos idées et vos frustrations, tout en vous encourageant et en appuyant vos décisions après en avoir discuté avec vous.
- **Les relations.** Un mentor doit vous aider à nouer des relations en vous présentant à des personnes susceptibles de vous inviter à participer à des activités qui vous permettront de connaître d'autres personnes.
- **Les conseils.** Choisissez une personne capable de vous aider à comprendre l'organisme, les changements et leurs répercussions.
- **L'information.** En l'occurrence, votre mentor devra être dans le secret des dieux et accepter de vous faire part de l'information qu'il recueille. Il faut donc trouver quelqu'un qui connaît parfaitement l'historique et la structure du pouvoir au sein de l'organisme.

Que ferait un mentor pour rendre votre travail encore plus satisfaisant ?

Au bout d'un an, j'ai fini par comprendre que les vétérans avaient accumulé beaucoup de connaissances qui me seraient utiles pour faire progresser ma carrière, à court et à long terme. Ils étaient très occupés, certes, mais je savais que c'était à moi de faire le premier pas. J'ai donc pris mon courage à deux mains pour leur demander de me consacrer chacun un peu de leur temps. La diversité des points de vue que j'ai obtenus m'a permis de beaucoup apprendre sur l'entreprise.

Sachez exactement ce que vous voulez

Avant de partir en quête de mentors, demandez-vous ce que vous voulez exactement. Il sera ainsi plus facile aux autres de vous aider. (Aucun de vos collègues surchargés de travail n'aura envie de recevoir une requête floue, vague, mal définie.) Pour commencer, complétez les phrases qui suivent.

Je veux apprendre :

_____ .

Mes objectifs professionnels à long terme sont :

_____ .

Voici mes modèles au sein de l'entreprise :

_____ .

> Je les admire pour les raisons suivantes :
> _____ .
>
> J'aimerais que l'entreprise profite mieux de ce point fort :
> _____ .
>
> Cet aspect me pose des problèmes :
> _____ .
>
> Mon réseau actuel est composé de :
> _____ .
>
> Il devrait être étendu dans la direction suivante :
> _____ .
>
> Pour les raisons suivantes :
> _____ .

Comment vous êtes-vous débrouillé ? Si vous avez eu du mal à compléter les phrases, ne vous découragez pas. Vous êtes loin d'être le seul. Mais vous devrez trouver les réponses à ces questions pour tirer le maximum de profit d'une relation avec un mentor. Le jeu en vaut vraiment la chandelle.

À vous de jouer !

Seriez-vous un bon « poulain » ? Pour le savoir, répondez au questionnaire suivant :

Qualités du poulain	Oui	Parfois	Non
Je suis ouvert et j'accepte la responsabilité de mon apprentissage.			
J'aime poser des questions difficiles (et y répondre).			
J'aime recevoir des conseils et des observations (même défavorables) de personnes que je respecte.			
Je suis capable de distinguer les conseils avisés des autres.			
Je concrétise les idées qui me permettront de me perfectionner.			
J'ai le sens des responsabilités et je suis persévérant.			
Je pense que presque tout le monde a quelque chose à m'enseigner.			
J'ai le temps, l'énergie et la persévérance nécessaires pour collaborer avec des mentors.			

Si vous avez répondu par la négative à plusieurs de ces déclarations, vous n'êtes peut-être pas tout à fait prêt à bénéficier de l'aide d'un mentorat. Réfléchissez, discutez avec des collègues qui ont eu des mentors et faites en sorte de modifier peu à peu vos réponses.

Si vous avez répondu par l'affirmative, vous êtes prêt à vous lancer dans la quête d'un sage. Voici quelques conseils émis par des gens qui ont vécu la même aventure que vous :

✓ Allez vers les mentors, n'attendez pas qu'ils viennent à vous.
✓ Quelques minutes de mentorat par jour constituent la dose idéale. Choisissez les moments de la journée où vous avez le temps d'apprendre, de recevoir les commentaires de votre mentor ou simplement d'écouter.
✓ Formulez un plan d'action à l'intention de vos mentors : définition de ce que vous attendez d'eux, fréquence des rencontres, types d'activités, rôles de chacun.
✓ Soyez ouvert. Chaque personne avec laquelle vous entrez en contact pourrait être un mentor.
✓ N'oubliez pas de rendre la politesse. Quiconque acceptera de vous servir de mentor mérite que vous lui posiez une question : « Et maintenant, que pourrais-je faire pour vous en retour ? »

**Les mentors pourraient accélérer votre apprentissage,
vous aider à acquérir de la confiance en vous
et élargir le réseau de vos connaissances.
N'attendez pas que votre organisme vous
en propose un et ne paniquez pas si personne
n'entre en contact avec vous.
Les mentors sont partout autour de vous.
Partez vous-même à leur recherche.**

Trouvez un mentor

Porté par un coureur de fond.

Chapitre 14

Estimez-vous à votre juste valeur

> *J'ai besoin d'une augmentation.*
> *Non... Je mérite une augmentation.*
> *Je travaille comme un forcené et j'aimerais*
> *bien être rémunéré à ma juste valeur.*
> Presque tout le monde

Montrez-moi les sous

Dans le film *Jerry Maguire*, l'un des clients de Jerry ne cesse de réclamer la part qui lui est due (ou plus). Nos chèques de paie ne nous servent pas seulement à acheter notre pain quotidien. Ils illustrent ce que notre employeur pense de nous, la valeur qu'il attache à notre travail. Naturellement, nous en voulons toujours plus.

Lorsque nous réclamons une augmentation, qu'est-ce que cela signifie ?

✓ Nous ne sommes pas assez rémunérés pour le travail que nous accomplissons ? Notre salaire ne nous suffit pas pour vivre ? Nous

avons besoin de plus d'argent pour acheter des objets, acquitter le loyer, faire un voyage ou offrir des cadeaux aux enfants ?
OU
✓ Nous ne nous sentons pas suffisamment récompensés. Notre travail n'est pas évalué à sa juste valeur ?

Il est fréquent que ce qui nous paraît être une question d'argent n'ait, en réalité, pas grand-chose à voir avec l'argent.

Est-ce bien une question d'argent ?

Avez-vous besoin d'argent ?
OU avez-vous plutôt besoin…
- d'être remercié pour votre excellent travail ?
- d'être intégré au groupe ?
- d'être apprécié pour ce que vous faites ?

Si la réponse est affirmative, courez au chapitre 4 ou au chapitre 18, puis relisez le premier chapitre. Si la réponse est négative, poursuivez votre lecture.

> *En me levant, je consulte immédiatement la liste des gens les plus riches de la planète, publiée par* Forbes. *Si je n'y figure pas, je pars au travail.*
> Robert Orben

Êtes-vous suffisamment rémunéré ? Comment le savoir ?
Réfléchissez aux énoncés suivants :
- D'autres personnes qui occupent des emplois comparables, qui possèdent des compétences et une expérience similaires, dans le même secteur professionnel et dans la même région, sont mieux rémunérées. (Oui/Non/Je ne sais pas.)
- Les avantages sociaux, les primes et les autres récompenses financières sont moins élevés ici qu'ailleurs. (Oui/Non/Je ne sais pas.)
- Nos dernières augmentations n'étaient pas indexées à l'augmentation du coût de la vie ou ne correspondaient pas à celles qu'offraient nos concurrents. (Oui/Non/Je ne sais pas.)
- Autres facteurs : _____

Avez-vous répondu par « Je ne sais pas » à certaines de ces questions ? Qu'avez-vous ajouté à la liste ?

Menez l'enquête et faites vos calculs

Avant de réclamer une augmentation, peut-être serait-il judicieux de mener votre petite enquête et de faire quelques calculs. Comparez les salaires affichés dans certains sites Web (notamment www.salary.com) et communiquez avec les associations professionnelles, puisqu'elles s'efforcent en général de suivre la progression des salaires de leurs adhérents. La prochaine fois qu'un chasseur de têtes vous téléphonera, posez-lui des questions sur les salaires offerts par les concurrents de votre employeur.

Et n'oubliez pas dans vos calculs tous les avantages sociaux dont vous bénéficiez :
- Assurance-maladie ;
- Assurance-vie et assurance-invalidité ;
- Assurance-emploi ;

- Congés payés ;
- Remboursement des frais de perfectionnement ;
- Temps compensatoire ;
- Contribution de l'employeur aux régimes de retraite ;
- Avantages en nature : voiture, téléphone, ordinateur, etc. ;
- Primes ;
- Uniformes ;
- Repas au restaurant, allocations journalières, remboursement des frais de déplacement, etc.

N'oubliez pas non plus certains avantages propres à votre emploi actuel. Ils sont parfois difficiles à quantifier, mais ils sont très importants :
- Possibilités de perfectionnement offertes par l'entreprise ;
- Conférences auxquelles on vous donne la possibilité d'assister ;
- Livres, revues et abonnements gratuits ;
- Assouplissement des conditions de travail (horaire flexible, possibilité de télétravail, etc.) ;
- Garderie ou salle de conditionnement physique sur place.

Prenez également en considération votre qualité de vie et de celle de votre famille :
- Région agréable, bonnes écoles ;
- Emploi agréable, équipe sympathique, liberté, souplesse, notamment ;
- Autres récompenses, sans rapport avec l'argent.

Les employeurs ne sont pas toujours les mieux informés

Il est fort possible que votre supérieur ne sache ni combien ses concurrents payent leurs employés, ni ce que vous valez vraiment, ni ce dont vous avez besoin pour continuer à produire un excellent travail… ni ce qu'il en coûterait de vous remplacer.

Aussi incroyable que cela puisse paraître, lorsque j'ai présenté mes arguments en faveur d'une augmentation de salaire et d'un assouplissement de mon horaire de travail, j'ai constaté immédiatement que mon chef de service n'avait aucune idée de ce que je gagnais et n'était pas mieux informé des salaires offerts par nos concurrents !

Heureusement, j'ai pu lui remettre une liste comparative des salaires et des avantages sociaux dans notre secteur professionnel. J'ai été jusqu'à dessiner un graphique des tendances de notre service en matière de salaires au cours des cinq dernières années, auxquelles j'avais superposé l'augmentation du coût de la vie dans la région. Je lui ai remis un article sur les possibilités d'instaurer un horaire souple. Rien de tout cela ne lui était venu à l'idée. Dès la semaine suivante, elle s'est mise à l'ouvrage. J'ai obtenu immédiatement une prime et la promesse d'une augmentation. Elle m'a également demandé de présider un groupe de travail chargé d'étudier les possibilités d'assouplissement de l'horaire de travail.

Sachez plaider votre cause

À l'idée de devoir réclamer quelque chose – des vacances, une plus grande autonomie, de l'aide, etc. –, nous perdons le sommeil. De fait, certains préfèrent démissionner d'un emploi agréable plutôt que de réclamer une augmentation. D'autres n'ont aucune idée de la manière qu'ils devraient s'y prendre. Voyez plutôt :

L'employé : Je voudrais une augmentation.
L'employeur : Vraiment ? Et pourriez-vous m'expliquer pourquoi je vous en accorderais une ?

L'employé : J'ai besoin d'argent.
OU
Je le mérite.
OU
Si vous ne me l'accordez pas, je démissionne.

Ne vous étonnez pas si vous essuyez un refus !

Pour obtenir cette augmentation tant désirée, vous devez monter un dossier. Voici quelques idées pour vous préparer à une discussion sérieuse avec votre patron. Tous les arguments ci-dessous sont persuasifs. Réunissez les données dont vous avez besoin pour plaider votre cause et allez-y :

- **Résumez** les données comparatives que vous avez recueillies et imprimez-les au propre, sur une seule page.
- **Examinez** vos gains annuels (y compris tous les avantages) depuis cinq ans. Ajoutez des détails sur le coût de la vie ou l'inflation.
- **Énumérez** toutes les nouvelles responsabilités que vous assumez depuis cinq ans.
- **Décrivez** ce que vous avez apporté à votre équipe, à votre supérieur ou à votre entreprise. Si possible, quantifiez les résultats.

> J'avais installé au bureau un nouveau système de gestion des relations avec les clients, à la suite de quoi nos contacts avaient augmenté de 40 p. 100 par rapport à l'année précédente. Les ventes avaient suivi et la différence se chiffrait à 300 000 $. Je me suis dit que mon patron ne pourrait être qu'impressionné.

- **Colligez** vos meilleures évaluations (laissez de côté les moins bonnes) et toutes les lettres de félicitations ou de remerciement que vous aviez soigneusement classées dans vos dossiers.

- **Décidez** de ce que vous voulez obtenir exactement (augmentation, avantages, primes, etc.).
- **Sachez** ce que vous êtes prêt à accepter pour le moment. Par exemple, des tâches plus intéressantes que celles que vous avez actuellement, la possibilité d'assister à des réunions et à des conférences professionnelles, un matériel plus perfectionné, l'autorisation de travailler à la maison de temps à autre, etc.

> Lorsque je suis allé trouver mon patron, il était visiblement très mal à l'aise. Ses supérieurs venaient de l'informer d'un gel temporaire des salaires et des primes, qui avait pour but d'augmenter les bénéfices et le rendement de l'entreprise. Il m'a affirmé être tout à fait d'accord avec mon évaluation. Lorsqu'il a vu que je comprenais très bien qu'il se trouvait entre l'arbre et l'écorce, il a été extrêmement soulagé, d'autant plus que j'ai accepté de reporter notre discussion à l'année suivante. Entre-temps, nous avons négocié certains aspects non financiers de ma requête.

**Partez du principe que votre employeur
et votre supérieur immédiat
veulent vous garder, cela vous placera
dans un état d'esprit favorable.
(Si votre travail est bon et vos compétences à jour,
c'est plus que probable.)**

**Les gestionnaires savent que c'est grâce
au talent des employés
que l'entreprise reste compétitive. En général,
ils souhaitent satisfaire leur personnel. Aidez-les
en montant un dossier quantitatif
(qu'ils transmettront à la direction) et en proposant
des récompenses autres que purement financières.
Soyez patient, prêt à collaborer, ne vous
placez pas sur la défensive et soyez créatif.
Votre professionnalisme finira toujours
par être récompensé.**

Aperçu dans un centre commercial.

Chapitre 15

Découvrez de nouveaux horizons

Je pars pour trouver mieux.
RAISON GÉNÉRALEMENT INVOQUÉE
AU MOMENT DU DÉPART

Pourquoi ? Certains ont peur de brûler leurs vaisseaux. D'autres sont sincères ; ils partent réellement pour trouver mieux. Ils souhaitent acquérir de nouvelles compétences, assumer de nouvelles responsabilités, exploiter la technologie de pointe ou explorer de nouveaux horizons.

Beaucoup de gestionnaires le déplorent : « Mais enfin, pourquoi ne m'a-t-il rien dit ? Nous aurions pu lui offrir autre chose ! » De fait, aucun supérieur ne souhaite voir partir ses employés talentueux sans pouvoir leur proposer une raison de rester. Mais la plupart des gens qui démissionnent auraient également pu demander ce dont ils avaient envie. Peut-être l'auraient-ils obtenu aussitôt, sans aller chercher ailleurs.

Pour savoir ce que votre organisme peut vous offrir, faites savoir à vos supérieurs que vous êtes à la recherche de nouveaux horizons.

En alerte ou inerte ?

Pour savoir si vous êtes capable de saisir la balle au bond, répondez aux questions ci-dessous.

1. Demandez-vous régulièrement à vos supérieurs de vous confier des tâches et des responsabilités nouvelles ou qui constituent un défi pour vous ? (Oui/Non/À l'occasion)
2. Assistez-vous à plus de séminaires, de conférences et d'ateliers que la majorité de vos collègues ? (Oui/Non/À l'occasion)
3. Lisez-vous et faites-vous des recherches afin de vous tenir informé des tendances de votre secteur d'activité et de votre profession ? (Oui/Non/À l'occasion)
4. Êtes-vous à l'affût des idées et des opinions des autres ainsi que des enjeux auxquels ils font face ? (Oui/Non/À l'occasion)
5. Vous efforcez-vous d'accroître en permanence vos compétences techniques, tout en vous assurant que vos communications et vos exposés sont toujours d'excellente qualité ? (Oui/Non/À l'occasion)
6. Participez-vous activement à des groupes de travail dans votre secteur d'activité ? (Oui/Non/À l'occasion)
7. Nouez-vous et entretenez-vous des relations à divers paliers de votre entreprise ? (Oui/Non/À l'occasion)
8. Faites-vous appel aux autres pour faire avancer votre carrière ? (Oui/Non/À l'occasion)

Si vous avez répondu par l'affirmative à la majorité des questions, vous êtes en alerte et vous ne devriez pas avoir de difficulté à trouver de nouveaux horizons au sein même de votre organisme. Sinon, il est probable que vous laissiez passer une foule de possibilités intéressantes sans les voir ou, tout au moins, sans les exploiter.

Auquel cas, il serait sans doute temps :
- ✓ **de rechercher** des débouchés qui ne sont pas immédiatement apparents ;
- ✓ **d'apprendre à distinguer** ceux qui pourraient vous intéresser ;
- ✓ **de saisir** la balle au bond.

Cherchez, cherchez… et vous trouverez

Si vous êtes en alerte, il est probable que peu de possibilités vous échappent. Vos antennes sont en éveil et vous êtes optimiste de tempérament. Vous savez que de nouveaux horizons vont se présenter à vous. Les gens comme vous ne craignent pas de s'aventurer en dehors de leur petite bulle confortable pour explorer des territoires inconnus. Ils sont énergiques et persévérants.

> Nous savions tous que le groupe de travail chargé d'examiner nos avantages sociaux ne jouait pas un rôle symbolique. Ses membres se trouvaient dans une situation très inconfortable, car les choix qu'ils allaient faire seraient ensuite remis en question par les employés.
> J'ai compris que c'était pour moi la possibilité d'acquérir de nouvelles compétences en relations du travail – prendre le pouls du personnel, parvenir à un consensus, etc. – et de me faire connaître des gens influents dans l'entreprise. Demander à participer aux travaux de ce groupe a été l'une des décisions les plus intelligentes de ma carrière dans cette entreprise.

Qu'est-ce qui vous aiderait à dégager les possibilités qu'offre votre organisme ? Voici quelques idées.

✓ Si l'on prévoit former des groupes de travail, demandez à vos collègues ou à votre supérieur quels sont ceux pour lesquels il sera difficile de trouver des volontaires.
✓ Lisez le bulletin de l'entreprise pour en savoir davantage sur les projets ou les plans de la haute direction.
✓ Nouez des relations auprès du service des ressources humaines afin d'être informé des nouveaux débouchés, des changements imminents ou qui viennent tout juste d'être instaurés.
✓ Portez attention à toutes les mises à jour et à tous les plans que la direction vous présente, oralement ou par écrit, et sachez lire entre les lignes.

Apprenez à distinguer ce qui est devant vous

Perspicacité, perspective, lucidité. Voilà les qualités dont vous aurez besoin pour apprendre à distinguer les possibilités qui s'offrent à vous tous les jours.

> Connaissez-vous l'histoire de la psychologue qui invite un groupe d'enfants de quatre ans dans son cabinet ? Sur la moquette se trouve un gros tas de crottin. Elle donne une pelle à chaque enfant et va s'installer derrière un miroir sans tain. Quatre des cinq enfants se sauvent de la pièce en se bouchant le nez. Le cinquième commence à creuser dans le tas de fumier avec sa pelle. Lorsque la psychologue vient lui demander pourquoi, il répond : « Avec tout ce crottin, il doit bien y avoir un poney quelque part ! »

Si vous possédez le sens de l'observation, vous êtes apte à découvrir des possibilités et des débouchés aux endroits les plus inattendus, auprès des gens les plus inattendus. Vous êtes capable de voir loin, vous avez une excellente vision périphérique et vous voyez très bien de près. Vous voyez non seulement la forêt, mais encore les arbres. Vous ne voyez pas seulement en noir et blanc, mais aussi en de multiples nuances de gris. Vous savez exactement ce que vous voulez. Vous possédez la faculté de voir différemment des autres.

> *Les possibilités sont souvent déguisées en tâches ingrates, c'est pourquoi peu de gens sont capables de les voir.*
> ANONYME

Comment apprendre à distinguer les possibilités qui s'offrent à vous ?
- Pensez de manière créative. (« Nous serions mieux équipés pour remplir ces fonctions si nous recevions une formation en... »)
- Voyez les deux aspects de chaque problème. (« Le patron n'y peut rien, c'est le règlement... »)
- Cherchez à améliorer la situation. (« Ce travail serait beaucoup plus intéressant si... »)
- Accroissez votre vision périphérique. (« Ce service pourrait utiliser mes compétences dans... »)
- Voyez loin. (« Ce petit travail ennuyeux pourrait être le point de départ de... »)
- Pensez au-delà. (« Pourquoi ne pas interroger les autres services... »)

Saisissez la balle au bond

Pour certains, la recherche de nouveaux horizons est presque machinale. Mais saisir la balle au bond est une tout autre affaire.

Possédez-vous la liste des biens immobiliers ou des actions que vous avez presque achetés et dont la valeur a, depuis, doublé ou triplé ? Vous souvenez-vous des études que vous avez failli entreprendre ou du club sportif auquel vous avez failli adhérer ? Si vous êtes en alerte, vous saurez saisir la balle au bond. Vous êtes conscient des obstacles, vous connaissez vos faiblesses et vous formulez des plans pour les surmonter. Ensuite, vous plongez !

> J'ai débuté ici en qualité d'informaticien. Nous étions plusieurs dans le même service. Nous répondions aux appels, nous réglions les problèmes du réseau, nous donnions des conseils sur les nouveaux logiciels. J'ai noué des relations avec plusieurs de mes clients, par téléphone. Dans la mesure du possible, j'essayais de leur rendre visite au lieu de tenter de régler tous leurs problèmes au bout du fil. Et puis, un jour, j'ai été soudain frappé par un fait curieux : les gens auxquels je rendais visite nous appelaient moins souvent. Ils avaient tendance à essayer de résoudre eux-mêmes leurs problèmes d'ordinateur. J'ai commencé à me considérer comme un expert-conseil et j'ai eu l'idée de créer une équipe de conseillers en informatique à l'intention des clients. J'ai pensé que ce serait l'occasion de mettre en relief la valeur d'un groupe de spécialistes, que je dirigerais. Mon patron a trouvé l'idée intéressante et aujourd'hui, je suis le chef d'une équipe d'informaticiens talentueux, qui ne se contentent pas de résoudre les problèmes ponctuels des clients, mais savent les conseiller. Mon travail est plus stimulant que jamais.

Comment saisir la balle au bond ? Quelques suggestions :
- ✓ Dressez une liste de vos objectifs, formulez un plan d'action sans oublier les éventuels obstacles et fixez-vous une échéance.
- ✓ Informez-vous le plus possible sur ce nouveau débouché. Discutez-en avec des collègues susceptibles d'en savoir plus que vous.
- ✓ Entourez-vous de collègues et d'amis qui vous conseilleront, vous aideront à surmonter les obstacles ou vous offriront un appui moral.
- ✓ Dressez deux listes : que se passera-t-il si vous n'agissez pas et que se passera-t-il si vous agissez ? Allez jusqu'au bout de votre raisonnement. Quelle conclusion préférez-vous ?
- ✓ Méfiez-vous des gens négatifs et des amis timorés. Ils appartiennent probablement à la catégorie des « inertes ».
- ✓ Évitez de trop analyser. Parfois, nous nous complaisons dans l'analyse pour éviter de passer à l'action.
- ✓ Affrontez vos craintes et allez-y. Une fois que vous savez ce que vous voulez, faites un effort et lancez-vous.

Tout change, y compris les nouveaux horizons.
Ceux qui s'ouvrent à vous aujourd'hui pourraient
se refermer demain si votre entreprise procédait
à une restructuration ou à une réduction des effectifs.
De nouvelles possibilités pourraient également surgir.
Tout cela est hors de votre contrôle.
En revanche, vous êtes maître de votre destinée.
N'attendez donc pas que votre supérieur
ou que quelqu'un d'autre vous présente une magnifique
occasion sur un plateau d'argent.
Soyez ouvert, lucide, à l'écoute et prêt à agir.
Naturellement, faites en sorte d'être parfaitement
équipé pour saisir la balle au bond.

*Les idées sont légion. Ceux qui les concrétisent
se comptent sur les doigts de la main.*
ANONYME

Aperçu lors d'un séminaire sur la croissance
personnelle dans les années 1970

Chapitre 16

Aimez ce que vous faites

« J'adore mon travail ! »

Avez-vous entendu cela récemment ? L'avez-vous dit récemment ? Voici les symptômes de la passion pour le travail :
- Les heures filent. Le moment de partir arrive et vous ne vous en rendez même pas compte.
- Vous êtes sur votre nuage, vous faites preuve de créativité, vous êtes plein d'énergie et vous éprouvez un sentiment de bien-être.
- Les autres ont du mal à capter votre attention. Vous n'aimez pas qu'on vienne vous distraire.
- Vous en oubliez de manger (de dormir ou de prendre votre douche).
- Votre travail est extraordinairement efficace.
- Vous avez plus l'impression de vous amuser que de travailler.

Mais oui, cela pourrait fort bien vous arriver !

En revanche, si la stimulation n'y est pas, les heures se traînent, la créativité est tarie, vous recherchez les distractions, vous grignotez constamment, vous êtes toujours fatigué et vous n'avez pas du tout l'impression de vous amuser, bien au contraire.

> *Détester les lundis est une drôle de façon de passer le septième de sa vie.*
> Anonyme

Trop de gens attendent que leurs supérieurs leur proposent des tâches stimulantes. Peut-être n'avez-vous jamais mentionné à votre patron ce que vous aimiez ou ce que vous détestiez. Soyez précis, ne cachez plus votre passion et faites tout pour vous y adonner !

Épicez le travail

> J'adore le graphisme et je me suis portée volontaire pour lancer le bulletin de la compagnie. Le premier numéro a été si bien accueilli que le patron m'a demandé de produire les suivants. J'ai accepté, mais à la condition qu'il me décharge de certaines de mes autres tâches. Nous avons trouvé un bon compromis et cela me permet de produire un bulletin d'excellente qualité. J'adore mon travail !

Nous avons interrogé beaucoup de gens sur leur passion. Voici ce qu'ils ont répondu :
- J'adore créer du nouveau.
- Je m'éclate lorsque je fais partie d'une équipe sensationnelle.

- J'aime les chiffres, je préfère travailler avec eux plutôt qu'avec des gens.
- J'adore dessiner, souder ou construire.
- Ma passion consiste à réparer tout ce qui bat de l'aile, qu'il s'agisse de postes de télévision, de relations entre les membres d'une équipe ou de méthodes de travail.
- J'aime aider les autres à se perfectionner.

Qu'est-ce qui vous passionne ? Au fur et à mesure que la journée avance, essayez de noter les tâches ou les aspects relationnels du travail qui vous stimulent et vous amusent. Ensuite, tentez d'en intégrer davantage dans votre routine quotidienne.

> Mon travail m'ennuyait tellement que je songeais sérieusement à démissionner. Puis, durant une conversation avec le passager assis à côté de moi dans un avion, la lumière s'est faite dans ma tête : les deux choses que j'aime le plus – servir de mentor et résoudre des problèmes délicats – étaient absentes de ma description de fonctions. Dès le lundi, j'ai demandé à mon patron d'intégrer des activités de ce genre dans mon travail. Il m'a confié avec soulagement un énorme problème technique auquel personne ne voulait s'atteler. En quelques jours, j'avais réuni une petite équipe. Devinez qui est le mentor de ces gens-là ? Mon travail me passionne de nouveau !

La solution est simple. Essayez de cerner ce qui manque à votre travail et demandez qu'on vous le donne. Qu'avez-vous à perdre ?

> *Les passions sont branchées au monde réel plus étroitement que nos routines quotidiennes. Lorsque nous aimons quelque chose, nous y apportons tant de nous-mêmes que nous créons ainsi notre avenir.*
>
> Francis Ford Coppola

Partez en quête du Graal

Votre travail ne vous enthousiasme guère ? En revanche, d'autres raisons vous incitent à conserver votre poste. Il est possible qu'un peu de patience et d'effort vous mette sur la voie d'un travail qui vous passionnera. N'hésitez pas à partir à la recherche de ce Graal.

> Nous venions de clore un gros dossier. J'étais quelque peu désœuvré. J'ai alors décidé de discuter avec les uns et les autres pour savoir ce qui allait se passer ensuite. Au bout de quelques mois, on m'a parlé d'un nouveau projet, qui m'a semblé très intéressant. Je suis allé trouver mon patron pour lui demander de m'y affecter. Le travail a duré cinq ans. Je me suis passionné pour ce dossier. Je savais qu'il était tout à fait normal de se sentir désœuvré de temps à autre au travail. Mais il a fallu que je fasse l'effort de trouver un nouveau projet susceptible de me passionner.

Ne vous résignez pas à un travail qui vous laisse indifférent, du moins pas à long terme. Cherchez des tâches qui vous passionnent :
✓ Exploitez votre réseau de connaissances. Parlez à tous ceux qui veulent bien vous écouter. Demandez-leur de vous informer des derniers événements. Essayez de vous tailler une place dans une équipe.

✓ Rappelez à votre entourage ce que vous aimez faire. N'hésitez pas à le répéter à votre supérieur (vous n'êtes pas le seul de ses subalternes dont il doit garder les passions en tête) ou à d'autres personnes. Précisez ce que vous aimez vraiment et ce qui vous laisse indifférent.

✓ Lisez les bulletins, le rapport annuel et les communiqués de presse de votre entreprise. Peut-être apprendrez-vous l'existence d'un nouveau projet ou la création d'une nouvelle équipe dont le travail serait dans vos cordes.

> *Choisis un travail que tu aimes*
> *et tu n'auras plus jamais besoin de travailler.*
> CONFUCIUS

Intégrez votre passion

Comptable, vous adorez l'art. Enseignant, vous êtes passionné de football. Serveuse, vous êtes comédienne dans l'âme. Que faire ?

> Notre serveuse était toujours enjouée et pleine d'humour. Son enthousiasme était contagieux. Elle formait un contraste parfait avec certains de ses collègues qui, visiblement, auraient préféré être ailleurs.
>
> Nous lui avons demandé depuis combien de temps elle exerçait ce métier, qui semblait la passionner. « Depuis douze ans », a-t-elle répondu. Elle nous a ensuite expliqué que le théâtre était sa passion et qu'elle avait étudié en art dramatique. Un jour, elle avait décidé d'intégrer sa passion dans son travail. Chaque jour, chaque tablée est pour elle une nouvelle première. Elle adore son travail et les clients l'adorent.

Pensez-y. Y a-t-il un moyen d'intégrer votre loisir-passion à votre travail ?

- Vous êtes un cordon-bleu ? Faites goûter vos spécialités à vos collègues.
- Vous adorez la décoration ? Participez aux prochaines rénovations des bureaux.
- Vous êtes musicien ? Formez un groupe avec des collègues qui jouent d'un instrument.
- Le sport vous attire ? Entraînez l'équipe de football (de baseball, de volley-ball, de danse, etc.).
- Vous aimez écrire ? Lancez le bulletin de l'entreprise.
- Vous êtes amateur de voitures ? Offrez un cours d'entretien mécanique à vos collègues.
- Vous aimez la scène ? Proposez vos services d'animateur à l'occasion de la prochaine fête du bureau.

Soyez créatif. À moins qu'il ne soit totalement impossible d'intégrer votre passion (parachutisme, plongée, etc.) à votre travail, vous pourriez très facilement rendre votre environnement professionnel beaucoup plus divertissant, tout en vous adonnant à votre violon d'Ingres.

Beaucoup de choses valent le coup d'œil. Peu valent le coup de cœur. Lorsque vous en trouvez une, foncez !
ANONYME

Réclamez !

Relisez les anecdotes de ce chapitre, notamment les témoignages. Que remarquez-vous ? Qu'ont fait ces personnes en quête d'un travail susceptible de les passionner ?
- ✓ Elles sont allées trouver leur supérieur.
- ✓ Elles ont proposé des options.
- ✓ Elles ont émis des recommandations.
- ✓ Elles ont réclamé ce dont elles avaient envie.

Les supérieurs ont su immédiatement à quoi s'en tenir. Ces employés n'ont pas attendu qu'on vienne leur offrir un travail passionnant sur un plateau. Ils sont allés le chercher.

**Il nous faut parfois du courage pour partir
en quête de notre passion.
Vous devrez peut-être solliciter la permission d'essayer ;
et peut-être échouerez-vous les premières fois.
Il n'est pas seulement possible de se passionner
pour son travail, c'est absolument crucial !
Votre vie et votre âme en seront enrichies.
Partez à la recherche des moyens nécessaires
pour joindre travail et passion.**

Chapitre 17

Faites valser les cathédrales !

Nous comptons sur les traditions, les politiques, les normes et les règlements pour garantir la sécurité et la stabilité de nos collectivités et de nos lieux de travail. Mais, bien qu'ils soient le fruit de bonnes intentions, ils n'en finissent pas moins par envahir notre existence. Ils se multiplient, ils emplissent d'énormes cartables et, progressivement, asphyxient la créativité et la productivité.

Peut-être étouffent-ils votre joie de travailler. Si vous vous sentez opprimé par des règlements, par l'ambiance de l'entreprise, voire par votre supérieur, ne désespérez pas. Il existe des issues de secours que vous pourrez utiliser pour rendre votre vie professionnelle plus stimulante.

> Mon équipe avait surnommé l'entreprise « le carcan ». Il fallait des dizaines de signatures et parfois des mois pour faire ratifier la requête la plus triviale. Nous étions certains qu'il existait une voie plus simple. Nos supérieurs ont accepté de nous laisser mettre en œuvre, à titre expérimental, une nouvelle démarche. Nous pensions ainsi faire économiser du temps et de l'argent à la compagnie,

tout en améliorant la qualité du produit. Personne ne pouvait refuser cette offre. De fait, notre travail est aujourd'hui beaucoup plus agréable et le président de la compagnie nous a publiquement remerciés d'avoir remis en question des règles et des lignes de conduite complètement dépassées.

De quoi est fait le carcan ?

Pour sortir du carcan, vous devez commencer par le comprendre. De quoi est-il fait ? Quelle serait la meilleure échappatoire ?

Vous avez l'impression d'être enfermé dans une gangue de béton ? Sachez qu'en réalité, les carcans peuvent être constitués de quatre matériaux différents, chacun doté de propriétés qui lui sont propres. Voici un exemple :

- ✓ **Béton.** Ce carcan est composé de règlements véritablement rigides : « Il faut posséder un diplôme en médecine pour exercer dans cet hôpital. » Vous ne pouvez ni transgresser ni contourner ces règlements sans risquer d'être congédié. Ne vous cognez pas la tête contre ce carcan de béton, vous vous blesseriez pour rien. Prenez-en votre parti.
- ✓ **Verre.** Ce carcan est rigide (par exemple : « Une femme ne peut être nommée juge à la Cour suprême »), certes, mais lorsque vous l'attaquez à un endroit bien choisi, à un moment opportun, à l'aide de l'instrument idéal, vous parvenez à le faire éclater.
- ✓ **Caoutchouc.** Ce carcan est épais et solide (par exemple : « Vous travaillerez huit heures par jour, de neuf à cinq, cinq jours par semaine »), mais il possède une certaine élasticité. On peut en assouplir les règlements, à condition de pousser fort.

✓ **Vapeur.** Ce carcan est constitué de nos convictions, de nos idées reçues et de nos conceptions (par exemple : « Je ne serai jamais capable d'apprendre une langue étrangère »). En réalité, il n'a aucune substance, aucune épaisseur. La force brutale ne sert à rien pour le faire éclater. Il suffit d'un peu de courage pour faire un pas en avant et traverser le mur.

Si vous examinez de près les règlements qui vous entourent, vous constaterez que très peu, en fin de compte, sont constitués de béton. C'est une fausse impression, rien de plus. Il est fort possible que vous soyez enveloppé d'un carcan de vapeur. Peut-être vos convictions et vos idées reçues (sur vous-même, l'organisme, vos collègues, le monde extérieur) vous empêchent-elles de remettre les règlements en question. Autrement dit, vous vous êtes vous-même enfermé dans le carcan.

> D'autres employés avaient demandé, toujours en vain, des passe-droits à certains règlements. Étant donné que leurs demandes ne figuraient pas dans le guide de l'employé, la réponse était forcément négative. J'ai pensé qu'il serait plus simple de démissionner que de solliciter la permission d'adopter un horaire souple afin de terminer mes études universitaires. En fin de compte, je me suis dit que je n'avais rien à perdre et, après avoir préparé soigneusement mes arguments, j'ai choisi le moment propice pour en parler à mon patron. Je m'attendais à un refus. Je suis resté interloqué lorsqu'il a accepté ma proposition. Il y a vingt-cinq ans de cela. Je suis bien content d'avoir posé la question et mes employeurs aussi !

Et si cet homme n'avait rien demandé ? Il aurait continué à se sentir prisonnier du carcan des règlements et il n'aurait probablement jamais terminé ses études. Lorsque vous tenez pour acquis qu'on vous opposera un refus, analysez le carcan dans lequel vous vous trouvez. De quoi est-il fait ? De béton, de verre, de caoutchouc ou de vapeur ?

Que faire ? Essayez ce qui suit.
- ✓ Respectez le carcan de béton ou, tout au moins, faites preuve de circonspection. Si vous décidez de vous y attaquer, prévoyez toujours une position de repli.
- ✓ Formulez une stratégie d'attaque du carcan de verre. La première femme nommée à la Cour suprême a fait en sorte de mobiliser des appuis en quantité phénoménale et mis au point une solide stratégie avant de lancer son offensive.
- ✓ Informez-vous auprès d'amis ou d'autres personnes fiables et dont vous respectez le jugement avant d'étirer le carcan de caoutchouc. Si vous prévoyez solliciter une faveur qui s'écarte radicalement de la norme, discutez-en d'abord avec des gens qui connaissent bien votre supérieur et l'ambiance de l'organisme.
- ✓ Traversez sans hésiter le carcan de vapeur. Il suffit parfois de modifier nos idées reçues ou nos convictions pour nous en débarrasser.

> Ma collègue et moi travaillions dans une entreprise traditionnelle, respectueuse des règles. Nous avions toutes deux des enfants en bas âge. Nous nous pensions obligées de démissionner pour partir à la recherche d'un emploi à temps partiel, mais nous avons décidé de jouer le tout pour le tout. La compagnie n'avait jamais entendu parler du partage d'un poste ; c'est pourtant ce que nous avons demandé. Après tout, que risquions-nous ? De perdre notre emploi ? Nous étions déjà prêtes à partir ! Notre supérieur a plaidé notre cause avec une éloquence

telle que voici quinze ans que nous partageons un poste. Nous en sommes très satisfaites et nos employeurs aussi.

Sachez exactement ce que les autres attendent de vous et évaluez votre rendement avec honnêteté. Respectez les délais, soyez productif et efficace. Si les autres vous font confiance, ils accepteront, voire encourageront, votre remise en question des règlements traditionnels.

Il est parfois préférable de connaître certaines questions plutôt que toutes les réponses.
Anonyme

Songez à ceux qui ont bousculé idées, règlements et traditions (vous êtes en bonne compagnie)

Bien avant vous, d'autres ont décidé de contester le *statu quo* ou les idées de leur temps. Ils se sont posé certaines questions :
- Pourquoi les humains ne pourraient-ils pas voler ?
- Pourquoi ne serions-nous pas capables d'éliminer la polio ?
- Pourquoi ne pas utiliser le laser pour effectuer des opérations chirurgicales ?
- Pourquoi ne pas construire un ordinateur sur mesure ?
- Pourquoi ne pas nettoyer et régénérer tous les lacs morts ?
- Pourquoi ne pas construire des avions non détectables au radar ?
- Pourquoi ne pas sauver les aigles en voie de disparition ?
 ET
- Pourquoi ne pas instaurer des horaires souples, s'habiller de façon décontractée le vendredi, créer des équipes autogérées, ouvrir des garderies, faire du télétravail, obtenir des congés de maternité, vendre l'entreprise aux employés ?

N'êtes-vous pas reconnaissant aux audacieux qui ont osé poser ces questions ?

Lorsque les règlements, les traditions ou les politiques deviennent des carcans, remettez-les en question. Certains sont inflexibles et immuables, mais d'autres peuvent être étirés, bousculés, contournés, voire éliminés.

Aperçu dans un resto-minute.

Chapitre 18

Récoltez votre récompense

J'avais passé des heures à aider mon collègue à résoudre ses problèmes professionnels. Finalement, il a décidé de changer d'orientation et obtenu son premier poste d'enseignant au niveau secondaire. Six mois plus tard, nous nous sommes rencontrés lors d'une réunion. Il m'a dit : « À cause de toi, je ne dors plus. » « Ah bon ! Et pourquoi donc ? » ai-je demandé. « Parce que mon travail me passionne au point que je me réveille au milieu de la nuit en pensant à ce que nous ferons en classe le lendemain. Merci de ton aide. C'est grâce à toi que j'en suis là. »

Je n'avais jamais reçu la moindre rémunération pour toutes les heures que je lui avais consacrées. Mais après l'avoir entendu, j'ai eu l'impression d'avoir été extraordinairement récompensée de mes efforts. Chaque fois qu'il reçoit des félicitations ou qu'il me transmet le courriel d'un élève qui souhaite le remercier, ce sentiment revient.

Naturellement, l'argent a son importance. Nos chèques de paie nous font vivre et nous révèlent le prix que nos employeurs (ou nos clients) accordent à notre travail. Néanmoins, tous les spécialistes de la récompense (après des milliers d'études échelonnées sur six décennies) conviennent que la plupart des gens souhaitent trouver dans leur travail une satisfaction qui n'a rien à voir avec l'argent.

> *Les plus belles réalisations n'ont jamais été et ne seront jamais le fruit d'un salaire.*
> ANONYME

Si vous ne vous sentez pas suffisamment récompensé, demandez-vous pourquoi. Courage ! Les récompenses vous attendent, sans que vous ayez besoin d'aller voir ailleurs.

Tenants et aboutissants de la récompense

Vous avez entendu parler des récompenses intrinsèques ; ce sont celles que nous nous offrons nous-mêmes. Il peut s'agir du sentiment d'euphorie qui nous habite lorsque nous avons l'impression d'avoir apporté quelque chose d'utile à la société, lorsque nous aidons les autres à briller ou que nos efforts sont couronnés par la note la plus élevée. Pour la plupart des gens, aucun salaire, aussi généreux soit-il, n'arrive à la hauteur d'une récompense intrinsèque.

Pour savoir si vous recevez suffisamment de récompenses intrinsèques, **posez-vous les questions suivantes** :
- Comment donner encore plus de sens à mon travail ? Scrutez-le. Il signifie certainement quelque chose pour quelqu'un.

> Je suis chargé de l'entretien de cet établissement depuis près de trente ans. C'est un centre de long séjour pour personnes âgées. Après tout ce que ces gens ont accompli et donné aux autres, ils méritent les soins les plus attentionnés. J'adore mon travail. Je fais mon possible pour préserver la beauté des bâtiments et pour assurer la sécurité de ceux qui vivent ici ainsi que des personnes qui viennent y travailler.

- Comment y mettre tout mon enthousiasme ? Si vous n'êtes qu'à demi convaincu de l'utilité de votre travail, il est probable que les récompenses intrinsèques vous échappent. Allez-y à fond, mettez-y tout votre cœur et voyez la différence.
- Comment pourrais-je aider quelqu'un ? Peut-être pourriez-vous former un collègue, l'aider à respecter une échéance, siéger à un comité de bienfaisance. Ou simplement préparer le café en arrivant le matin !

Le bon travail est une récompense en soi

Naturellement, vous aimeriez recevoir des récompenses externes, tangibles ou intangibles.

Voici ce dont nous sommes sûrs : les dirigeants de votre entreprise, à l'instant où vous lisez ces lignes (ou, tout au moins, cette année), sont en train de deviner quelles seront les récompenses externes qui vous feront le plus plaisir. Mais auront-ils raison ?

Ils songent probablement à des récompenses de ce genre :
- Une augmentation de salaire ou une prime ;
- Une promotion ;
- Une plaque à suspendre au mur ;
- Une place de stationnement.

Bien entendu, libre à vous de prendre l'argent et la plaque. Certains accepteront également la promotion et l'aire de stationnement. Mais peut-être se diront-ils, en leur for intérieur : « Merci, c'est bien gentil, mais ce n'est pas vraiment ce que je recherche. » Et vous, que recherchez-vous donc ?

Quelles récompenses externes préféreriez-vous recevoir ? Cochez les cinq qui vous attirent le plus :

- ✓ Un prix, de préférence décerné en public, devant mes collègues ;
- ✓ Une petite lettre de remerciement, signée de mon supérieur ;
- ✓ Une note de mon supérieur à l'intention de son propre supérieur, pour lui signaler l'excellence de mon rendement ;
- ✓ De fréquentes tapes dans le dos ;
- ✓ La concrétisation de certaines de mes idées par mon supérieur ;
- ✓ La possibilité de contribuer à un travail de pointe, extrêmement stimulant ;
- ✓ Une prime ;
- ✓ Une journée de congé ;
- ✓ Des félicitations en présence de ma famille ;
- ✓ Une augmentation ;
- ✓ La possibilité d'aller déjeuner avec la haute direction ;
- ✓ La possibilité de collaborer avec des employés d'autres services de l'entreprise ;
- ✓ La possibilité de siéger à l'un des importants comités de direction ;
- ✓ Une promotion ;
- ✓ Une mise à niveau imprévue de mon ordinateur ou de mon téléphone cellulaire ;
- ✓ Un nouveau titre ;
- ✓ Un petit souvenir ;
- ✓ La possibilité de diriger un travail important sans supervision ;
- ✓ Un horaire plus souple qu'actuellement ;

- ✓ Un espace de travail ou un bureau plus spacieux (ou doté d'une belle vue);
- ✓ Plus de liberté ou d'autonomie;
- ✓ Un séminaire ou un cours de formation;
- ✓ La possibilité de représenter l'organisme ou le service à une conférence nationale ou régionale;
- ✓ Des chèques-cadeaux (restaurant, théâtre, manifestation sportive);
- ✓ Autre récompense : _____ .

Ce qui compte, ce n'est pas ce que vous avez fait pour moi, mais le fait que vous croyez en moi.

Examinez maintenant vos cinq choix. De quel genre de récompense s'agit-il? Tangible ou intangible? Quelles sont vos priorités en ce moment?

Pour obtenir davantage de récompenses externes, voici ce que vous pourriez faire :

- ✓ Atteindre (ou dépasser) vos objectifs;
- ✓ Discuter avec votre supérieur (relisez le chapitre 1) des récompenses que vous aimeriez recevoir. Soyez précis.

> Nous avions réussi à obtenir un nouveau client. Mon patron était enchanté. Il nous a proposé de fêter l'occasion. Je lui ai dit que j'aimerais que ma famille soit invitée, étant donné qu'elle m'avait apporté un immense soutien moral au cours des dernières semaines. Il a accepté. Il a envoyé un petit mot à la maison, dans lequel il louait mon travail et les remerciait tous de leur contribution au succès de notre entreprise. Il a ajouté que je serais libre, le vendredi suivant, pour emmener tout le monde camper. J'ai eu l'impression de recevoir une énorme récompense.

✓ **Remerciez-les.** Les gens iront au-delà de la récompense. Si vous souhaitez en recevoir davantage, remerciez votre patron (vos collègues, vos subalternes, vos clients, etc.) d'avoir su vous récompenser. N'oubliez pas de mentionner à quel point vous appréciez de voir votre travail ainsi loué.

> *Si vous avez aimé la musique, remerciez l'orchestre.*
> ANONYME

✓ **Faites le premier pas.** Récompensez les autres et demandez-leur d'en faire autant pour leurs collègues. En peu de temps, c'est vous que l'on récompensera. Vous aurez contribué à créer une ambiance au sein de laquelle les gens se sentiront appréciés et respectés pour leur travail.

> Mon père disait toujours : « N'attends pas l'enterrement des gens pour leur offrir des fleurs. » Il avait raison. Je remercie toujours les gens qui ont accompli un bon travail ou qui ont fait leur possible. Je leur explique pourquoi j'apprécie leur contribution. Je ne suis pas étonnée de constater qu'à leur tour, ils n'hésitent pas à me remercier.

✓ **Lancez quelques allusions subtiles,** comme si votre anniversaire approchait : « Mon restaurant favori est Le jardin d'Éden » ou « j'adore les matchs de hockey… ».

Récompensez-vous

Pourquoi ne pas le faire vous-même ? Songez aux dernières félicitations que vous avez reçues. Avez-vous pris le temps de les apprécier à leur juste valeur ? De les savourer ? Ou êtes-vous rapidement passé à la tâche suivante ? Nous avons trop souvent tendance à ne pas tenir compte des récompenses qui se présentent sous forme de compliments et de louanges, ou simplement de la satisfaction d'un travail bien fait.

Lorsque vous aurez accompli quelque chose qui vous tient à cœur ou atteint l'un de vos objectifs, n'attendez pas que quelqu'un d'autre le remarque. Récompensez-vous. Choisissez un article qui figure sur la liste de vos récompenses favorites. Allez au cinéma, invitez un ami à dîner, faites un petit somme ou une promenade en vélo ou encore dégustez deux carrés de chocolat.

**Si vous ne vous sentez pas suffisamment récompensé
au travail, demandez-vous pourquoi.
Que vous manque-t-il ? Soyez lucide.
Qui pourrait vous offrir ce que vous désirez vraiment ?
Vous ou quelqu'un d'autre ?
Dès que vous saurez ce que vous voulez, foncez !**

Tee-shirt favori d'un politicien.

Chapitre 19

Protégez votre espace vital

Vous avez certainement déjà entendu des adolescents réclamer « de l'air ! ». Peut-être l'avez-vous fait vous-même dans votre jeunesse. Quel que soit le nom que l'on donne à ce sentiment – espace vital, liberté, etc. –, dans le cadre du travail, il s'agit d'autonomie, de souplesse, d'indépendance, d'autorité ou d'influence.

Si vous vous sentez coincé, surveillé de trop près ou exaspéré par le manque de liberté, n'attendez pas que la situation change ou que votre supérieur y remédie. Prenez les choses en main et faites en sorte de protéger votre espace vital.

Espace intérieur ou extérieur ?

Par « extérieur », nous entendons le cadre ou l'environnement de travail. Par exemple :
- la possibilité de concevoir ou de décorer à votre goût votre espace de travail ;

- la capacité de travailler dans des cadres différents : à la maison, dans la voiture, sur la plage, etc. ;
- la possibilité de vous détendre, de faire une pause ou de prendre une sabbatique ;
- la liberté de vous habiller comme vous l'entendez.

Par « intérieur », nous entendons l'espace mental et émotionnel dont vous avez besoin pour être créatif et productif. Par exemple :
- l'autonomie (par opposition à la microgestion) ;
- la gestion de votre temps ;
- la liberté de travailler, de réfléchir, de créer et de produire à votre façon.

Dans l'anecdote suivante, de quel type d'espace s'agit-il ?

> Je peux travailler n'importe où, ou presque. Je passe mes journées au téléphone ou devant l'ordinateur. J'ai donc essayé de convaincre ma supérieure de m'autoriser à faire du télétravail une journée par semaine. Elle a commencé par m'opposer un refus catégorique : « Personne ne l'a encore fait ici et je ne veux pas créer un dangereux précédent. »
>
> J'avais prévu sa réponse. Je lui ai demandé de me laisser plaider ma cause. Elle a accepté. (De fait, c'est une excellente gestionnaire !)
>
> Je lui ai soumis ma proposition en détail, y compris la démarche que nous pourrions adopter si un problème se présentait. Je lui ai fait part des résultats de mes recherches sur le Web. Ensuite, j'ai dressé la liste des avantages – pour l'entreprise, pour elle et pour notre équipe.

Tout cela, c'était il y a deux ans. Depuis, je fais du télétravail une journée par semaine. Nous avons aplani tous les obstacles et tout le monde est content, moi le premier.

Vous l'avez deviné. Voilà comment solliciter – et obtenir – un peu d'espace extérieur. Voici maintenant l'exemple d'une requête d'espace intérieur :

> Notre chef d'équipe avait des idées bien arrêtées sur la manière dont nous devions travailler. Les autres membres de l'équipe n'y trouvaient rien à redire, mais pour moi, c'était de la microgestion. J'ai pensé à démissionner ou à demander une mutation. Mais j'aimais beaucoup mes collègues et le travail me passionnait. J'ai donc décidé d'avoir une discussion avec le chef.
>
> Je lui ai expliqué que j'apporterais davantage à l'équipe si on me laissait une plus grande latitude. J'ai parlé des méthodes que j'utiliserais et je lui ai assuré que mon travail serait à la hauteur de ses critères. Je lui ai également proposé de le rencontrer une fois par semaine, plutôt que tous les jours. C'était tout. À mes yeux, il s'agissait de changements mineurs.
>
> En revanche, pour lui, c'était une idée révolutionnaire. Il avait l'habitude de suivre de près le déroulement du travail de son équipe. Sans discussion quotidienne, il craignait que je perde mon temps.
>
> Je lui ai proposé une période d'essai d'un mois. Je lui ai promis de faire mon possible pour obtenir d'excellents résultats. En fin de compte, tout s'est bien passé. Il suit toujours de très près d'autres membres de l'équipe, mais il me laisse mon espace vital. C'est tout ce que je lui demande.

Ces deux anecdotes se terminent bien. Bien sûr, toutes les demandes d'espace vital n'ont pas une issue aussi heureuse. Il se peut que votre patron veuille bien vous satisfaire, mais qu'il finisse par rejeter votre proposition. Pourquoi ? Parce qu'il doit lui-même rendre des comptes à son propre supérieur, se montrer équitable envers vos collègues, atteindre (ou dépasser) certains objectifs et, pendant tout ce temps-là, respecter les règles du jeu. Réfléchissez un instant : Pourquoi accepterait-il de vous faire une faveur ?

Qu'y gagnerait votre supérieur ?

Mettez-vous à la place de votre supérieur et demandez-vous ce qu'il y gagnerait. Voici quelques exemples :

- Cet employé serait plus satisfait, donc plus productif ; il restera probablement plus longtemps dans l'entreprise ;
- Ce changement pourrait ouvrir de nouveaux horizons aux autres membres de l'équipe. Par exemple, quelqu'un pourrait utiliser son bureau en son absence, siéger à sa place aux réunions, etc. ;
- Le reste de l'équipe me considérera comme un patron ouvert d'esprit, créatif, soucieux de collaborer avec ses subalternes. Les gens sont prêts à venir travailler pour ce genre de supérieur ;
- Si elle n'a pas besoin d'une supervision aussi étroite, cela me libérera pour faire autre chose ;
- S'il démontre plus d'enthousiasme ou de créativité, peut-être inventera-t-il de nouveaux produits (services, programmes, etc.) dont nous tirerions tous profit.

Si vous n'êtes pas en mesure de dresser une liste des avantages que votre surcroît d'autonomie donnerait à votre supérieur, votre équipe et votre organisme, prenez le temps de faire une recherche approfondie avant de soumettre votre requête.

Voici quelques suggestions :

✓ Exprimez clairement ce que vous voulez et donnez toutes vos raisons ; expliquez que cela accroîtra votre productivité, votre satisfaction, votre créativité, etc. ;
✓ Soyez compétent dans votre travail. Si vous êtes un employé modèle, votre patron et la direction voudront vous garder. Vous avez donc plus de chances d'obtenir ce que vous voulez ;
✓ Dressez une liste des avantages pour votre supérieur, pour votre équipe et pour l'organisme. Essayez de quantifier vos résultats :
  - Je pourrai travailler deux heures de plus, puisque je ne les gaspillerai pas à faire le trajet jusqu'au bureau ce jour-là ;
  - Mon indépendance décuplera ma créativité ;
  - Parce que vous avez eu la gentillesse de m'écouter et de répondre favorablement à ma requête, ma loyauté, ma reconnaissance et mon engagement à l'égard de l'entreprise en seront d'autant plus grands. (Naturellement, il est difficile de quantifier cet avantage, mais il est suffisamment important pour que vous le mentionniez.)

Cette bonne vieille boîte de Pandore

Votre requête pourrait ouvrir la voie à d'autres employés. Songez à ceux qui, par le passé, ont réclamé un horaire souple, le partage d'un poste ou un congé familial. C'est grâce à eux que vous jouissez aujourd'hui de tous ces avantages.

Cependant, votre supérieur pourrait bien craindre d'ouvrir une boîte de Pandore en acquiesçant à votre demande.

> Mon patron m'a répondu : « Si je vous laisse partir tôt le vendredi pour assister au match de soccer de votre fils, vos

collègues voudront avoir le même privilège. Vous voyez un peu dans quoi je m'embarquerais ? » Bonne question.

Je lui ai promis de terminer tout mon travail avant de partir le vendredi après-midi, même si cela m'obligeait à rester plus tard les autres soirs. J'ai aussi accepté de collaborer avec tous mes collègues et de faire des compromis, le cas échéant. S'ils m'aidaient, je les aiderais. La solution que nous avons adoptée convient à toute l'équipe.

Il est possible d'atténuer les craintes de votre supérieur. Par exemple :
- ✓ Dressez la liste de tous les inconvénients qui vous viennent à l'esprit et trouvez, pour chacun, plusieurs solutions possibles. Soyez prêt à discuter de vos idées et à déployer toutes vos capacités de persuasion.
- ✓ Mettez-vous à la place de vos collègues pour dresser une liste des griefs éventuels qui pourraient leur venir à l'esprit. (Naturellement, il est possible qu'ils soient enchantés de votre idée.)
- ✓ Collaborez avec vos collègues et votre supérieur pour trouver des solutions et des compromis.
- ✓ Offrez votre soutien aux collègues qui se trouvent dans des situations analogues. Ils seront alors plus enclins à vous soutenir.

Si votre supérieur craint de ne pas se montrer équitable, aidez-le à trouver les moyens de donner suite à votre requête sans se montrer injuste envers vos collègues. Recherchez ensemble des solutions créatives dont toute l'équipe tirera profit. Ainsi, vous aurez plus de chance d'obtenir l'espace vital dont vous rêvez.

Possédez-vous déjà cet espace vital ?

Il est possible que votre organisme vous offre déjà l'espace intérieur et extérieur dont vous avez besoin. Par exemple :
- Êtes-vous libre de dessiner, de créer et de travailler à votre gré ?
- Pouvez-vous nouer des liens, trouver des mentors ?
- Vous laisse-t-on remettre les règles en question (même celles qui ont été fixées par votre supérieur) sans risque de représailles ?
- Avez-vous la possibilité d'apprendre et de vous perfectionner dans de nombreux domaines ?
- Êtes-vous libre de rechercher un travail plus stimulant, plus ardu au sein de l'organisme ?
- L'idée de l'horaire souple ou du télétravail peut-elle faire son chemin dans l'entreprise ?
- Avez-vous, à l'occasion, le droit de vous habiller comme vous l'entendez ?
- Vous autorise-t-on à décorer votre bureau de photos de famille ou de souvenirs de vacances ?

Profitez-vous au maximum de toutes ces libertés ? Avez-vous remercié ceux qui vous les ont accordées ? Peut-être seriez-vous plus heureux au travail si vous tiriez parti de l'espace vital dont vous profitez déjà.

**Personne ne viendra vous offrir davantage d'espace.
C'est à vous de le réclamer.
Ensuite, profitez bien de ce merveilleux
sentiment de liberté !**

Chapitre 20

Cherchez à connaître la vérité

Pourquoi les commentaires d'autrui nous font-ils parfois le même effet que la fraise du dentiste ? Nous l'évitons, nous prétendons que tout va bien et nous refusons de subir des examens préventifs. Résultat ? Un traitement de canal… Aïe ! Nous connaissons des dizaines de gens qui n'ont pas connu le succès qu'ils méritaient, simplement parce qu'ils n'ont jamais eu la moindre idée de ce que les autres pensaient de leur travail.

Il faut absolument que votre patron, vos collègues, vos clients et vos amis vous donnent régulièrement leur avis sur votre travail. Vous devez avoir avec eux des discussions sincères sur vos points forts et vos points faibles. C'est essentiel pour votre perfectionnement, votre succès et votre satisfaction personnelle.

Bien des gens se plaignent de travailler dans le noir : « Nous ne sommes pas évalués », « Personne ne me dit jamais rien », « Lorsque je reçois des commentaires, ils sont flous et imprécis ». Ces personnes aimeraient pourtant bien connaître l'avis de leur supérieur. Si tel est votre cas, n'attendez plus. Allez voir votre supérieur et demandez-lui de vous dire la vérité.

Merci du cadeau

Avez-vous jamais considéré la vérité comme un cadeau ? Faites-le et vous verrez qu'elle est beaucoup plus facile à recevoir… et à donner.

> Lors d'une réunion organisée pour évaluer le rendement des employés, mon supérieur avait suggéré que j'assiste à un séminaire de formation en gestion, qui devait avoir lieu quelques semaines plus tard. Lorsque je lui ai demandé pourquoi, il m'a répondu que certains de mes collègues trouvaient que « je manquais d'esprit d'équipe ». Apparemment, ils me jugeaient autoritaire et arrogant, et ils avaient l'impression que je ne tenais jamais compte de leurs idées ou de leurs suggestions. J'avoue être tombé des nues.
>
> Je suis donc allé suivre l'un de ces cours éclair, qui était censé faire de moi le collègue le plus charmant de la terre. Je dois reconnaître qu'au début, je me suis bouché les oreilles. Toutefois, le séminaire comportait un exercice intéressant. Il s'agissait de recueillir des commentaires détaillés et sincères auprès de collègues, de subalternes, de supérieurs et de clients. Étant donné que les données ainsi recueillies étaient anonymes, chacun se sentait libre de dire la vérité, sans crainte de représailles. C'est ce qu'on appelle l'évaluation à 360 degrés. Je l'ai trouvée extrêmement utile, bien que douloureuse.
>
> J'ai immédiatement commencé à modifier mon comportement, en fonction des commentaires que j'avais reçus. Je suis encore coincé dans certaines habitudes qui ont la vie dure, mais ce séminaire m'a ouvert les yeux. Je sais maintenant que l'opinion des autres est capitale. Grâce à elle, je saurai ce que je dois modifier dans mon comportement.

Par conséquent, la prochaine fois que quelqu'un vous proposera de vous donner son avis, acceptez-le. Et saluez bien bas. Car vous aurez reçu là un beau cadeau.

La perfection est un labeur de longue haleine

Lorsque vous serez prêt à recevoir des commentaires, voici ce que vous pourriez faire :
- Choisissez l'aspect de votre travail sur lequel vous aimeriez obtenir des avis : vos compétences, votre comportement, votre réputation ;
- Dressez une liste des gens susceptibles de vous fournir les commentaires les plus sincères et les plus utiles ;
- Organisez une rencontre à cet effet. Choisissez un endroit confortable (et non pas le vestibule) et prévoyez le temps nécessaire. Invitez ensuite votre « évaluateur » en puissance et expliquez-lui ce que vous attendez de lui ;
- Préparez-vous à solliciter des opinions. Vous pourriez même répéter devant votre miroir. Pendant la discussion, posez des questions pertinentes, par exemple : « Que pourrais-je faire de plus ou de moins pour être plus efficace ? »

Ensuite, remerciez votre évaluateur de vive voix, par correspondance ou par téléphone. Et le meilleur moyen de montrer votre reconnaissance, c'est de donner suite aux commentaires que vous avez reçus. Servez-vous-en pour modifier votre comportement ou votre attitude. (N'oubliez pas de demander autour de vous si les changements sont visibles. Votre réputation évolue-t-elle également ?)

La croissance personnelle ne se fait pas en un jour. Continuez à réclamer l'avis de votre entourage (au moins jusqu'à ce que vous ayez l'impression d'avoir atteint la perfection !). Mettez à l'essai vos

nouvelles attitudes et connaissances. Créez autour de vous un réseau de gens prêts à vous dire la vérité, toute la vérité. Voici comment faire :
- Vous adoptez un nouveau comportement lors d'une réunion ;
- Votre évaluateur personnel prend des notes ;
- Immédiatement après la réunion, vous lui demandez son avis ;
- À la réunion suivante, vous tâchez de modifier votre attitude ;
- Votre évaluateur personnel prend des notes.

Comment savoir ce que les autres pensent de vous ?

Il est possible que votre supérieur hésite à vous parler en toute franchise. Peut-être craint-il de vous offusquer ou, pire, de vous propulser tout droit chez un concurrent. Par conséquent, il vous ensevelit sous les compliments, vous remercie de vos efforts cette année et vous excuse jusqu'à la prochaine évaluation du rendement.

Formidable. Vous y êtes. Vous n'avez plus rien à apprendre.

En réalité, vous savez que vous avez encore beaucoup à apprendre. Vous avez envie de vous améliorer. Pour inciter votre supérieur à donner sincèrement son avis, essayez de lui poser des questions précises, comme suit :
- Si je désire obtenir de l'avancement ici, dans quels domaines devrais-je me perfectionner ?
- Pour accroître ma productivité, que devrais-je éliminer ?
- Si vous deviez me noter de 1 à 10, que devrais-je faire pour obtenir 10 ?

Imaginez tout ce que vous pourriez accomplir une fois muni de ces précieux renseignements !

Perception et réalité

> *Ils se trompent. Je ne suis pas du tout comme ça.*
> Tous ceux qui reçoivent
> les commentaires d'autrui

En êtes-vous sûr ? Pourquoi ne pas vous interroger ? Vous considère-t-on comme :

- Intelligent, dévoué, travailleur ?   Oui   Non
- Très créatif ?   Oui   Non
- Boute-en-train ?   Oui   Non
- Intimidant, soupe au lait ?   Oui   Non

Vous avez compris.

Maintenant, interrogez un ami au travail, quelqu'un qui ne craindra pas de vous dire la vérité. Votre réputation correspond-elle à votre perception de vous-même ?

Une fois que vous saurez comment les autres vous considèrent, vous pouvez réagir de diverses façons :

- **En changeant.** Remplacez les comportements déplaisants par d'autres plus appropriés ;
- **En modifiant l'image que les autres ont de vous.** Par exemple, s'ils vous considèrent comme égoïste alors que vous ne l'êtes pas vraiment, essayez de montrer davantage de considération pour ceux qui vous entourent. Avec le temps, votre réputation évoluera (n'oubliez pas de demander aux autres s'ils se sont aperçus du changement) ;
- **En ne faisant rien.** Mais au moins, vous saurez ce que l'on pense de vous.

Vous vous connaissez mieux que personne. Vous connaissez votre cœur, vos intentions, vos valeurs. Vous savez si la perception que les autres ont de vous est erronée ou pas. Tirez profit des données que vous recueillerez. Et n'oubliez pas de chercher le grain de vérité dans tous les commentaires.

> On m'a dit que je monopolisais les conversations, que personne ne pouvait placer un mot lorsque j'étais là. Quelle exagération ! Mais j'ai noté ce commentaire et, au déjeuner suivant, j'ai effectivement constaté que je parlais un petit peu plus que les autres.

Il est normal d'être sur la défensive lorsqu'on reçoit des commentaires désagréables. Presque tout le monde réagit ainsi. Il est parfois nécessaire de se défendre. Mais que faire si vous êtes convaincu que les commentaires que vous recevez sont faussés, inexacts ou exagérés ? En y regardant de plus près, vous y découvrirez peut-être un grain de vérité. Alors, demandez-vous ce qui se passerait si vous acceptiez d'apporter un tout petit changement à votre comportement.

**Si une personne vous traite de mulet, ne l'écoutez pas.
Si deux personnes vous traitent de mulet, réfléchissez-y.
Si trois personnes vous traitent de mulet,
allez vous acheter une selle.**

Dites la vérité, vous aussi

Et si votre supérieur, un collègue ou un subalterne vous demandait de lui dire la vérité ? Assurez-vous d'abord qu'ils souhaitent vraiment recevoir un avis sincère qui leur permettra de rectifier leur comportement. Si tel est le cas, offrez-leur ce cadeau.

Cherchez à connaître la vérité

Votre supérieur aimerait sûrement savoir ce que vous pensez. Lui avez-vous dit récemment :
- qu'il gérait bien son personnel ?
- qu'il avait de bonnes idées ?
- qu'il savait vous former ?

Si vous avez déjà suivi des cours de musique ou de danse, souvenez-vous des commentaires de vos professeurs – compliments et critiques. Vous considériez leur opinion comme une condition essentielle à votre réussite, n'est-ce pas ? De même, aujourd'hui, vous devez connaître la vérité, savoir ce que vous êtes et de quelles qualités personnelles dépend votre succès. La vérité est un cadeau. Recevez-la et offrez-la comme tel.

Aperçu dans un centre commercial.

Chapitre 21

Ouvrez bien les oreilles

Si l'on vous suggère d'apprendre à écouter, vous vous demanderez pourquoi. Eh bien, voici une bonne raison : vous en saurez bien davantage sur votre travail et sur votre entreprise si vous écoutez – et comprenez – les conversations qui se déroulent pendant les réunions, au déjeuner ou autour de la distributrice d'eau fraîche. Le fait d'écouter attentivement vous permettra d'apprendre, entre autres, les renseignements suivants :

- **La façon de travailler dans cet organisme.** Qui sont les éminences grises de la boîte ? Quelles sont les règles et les méthodes de travail implicites ?
- **La situation de l'entreprise.** Est-elle dans une période de croissance ou, au contraire, sur le point d'infliger un dégraissage substantiel ? Chaque trimestre, ressent-on les fluctuations de la Bourse ?
- **Les changements en cours de route.** Nouvelle orientation ? Nouvelle gamme de produits ? Nouveau client ?
- **Les problèmes de votre supérieur.** Manque-t-il de personnel ? Son budget est-il comprimé tous les jours ? Subit-il des pressions de la direction ? Il semble que peu d'employés prennent vraiment

le temps de réfléchir et de comprendre la situation dans laquelle se trouve leur supérieur.

Une fois que vous aurez répondu à ces questions et à bien d'autres, vous pourrez rendre de grands services à vos supérieurs. Vous deviendrez une ressource précieuse pour l'entreprise. Lorsque les autres sauront qu'ils peuvent compter sur vous pour comprendre la situation, ils vous faciliteront prodigieusement la vie.

> Je ne croyais pas à ma promotion. Je n'avais rien du chef charismatique et volubile des stéréotypes courants. En fait, j'étais tout l'opposé. Mais mon supérieur m'a affirmé que je jouissais du respect de la direction, qui me considérait comme l'un des gestionnaires les plus fiables de la boîte. En outre, a-t-il expliqué, mes collègues et mes subalternes n'avaient aucune difficulté à me confier leurs problèmes, car ils savaient que je ferais tout pour les aider. De fait, ils me soumettent leurs idées et me racontent leurs déboires. Je sais que je suis capable d'écouter, mais je n'aurais jamais pensé que cette faculté pourrait être à l'origine de mon avancement.

Vous a-t-on déjà accusé de ne pas savoir écouter les autres ? Si tel est le cas, savez-vous pourquoi ? À quoi pensez-vous lorsque vous êtes censé écouter ?

- Je sais déjà comment son histoire va se terminer ;
- Je suis bien trop occupé. Une pile de dossiers m'attend sur mon bureau ;
- Le voilà qui va se mettre à pleurnicher ! Je me tire !
- Comment devrais-je réagir à cette menace ? Que faire pour justifier l'existence de mon poste ?
- Elle m'ennuie avec ses histoires. Je me demande ce que nous pourrions bien manger ce soir.

Voilà qui vous semble familier ? (Avouez !)

Vous avez peut-être l'impression de gérer admirablement votre temps en pensant à autre chose pendant que votre collègue vous raconte ses malheurs. Ou de préparer ce que vous répondrez dès que votre interlocuteur aura fini de parler.

> Je l'avoue. Je croyais faire preuve d'une extraordinaire efficacité en discutant avec mes collègues tout en répondant à mes courriels. Mais aujourd'hui, je sais que cela veut dire : « Tu comptes pour rien. » Pourtant, ce n'est pas le message que je souhaite leur transmettre. Par conséquent, dès que quelqu'un entre dans mon bureau, je ferme mon courriel, je pousse quelques dossiers et je souris à mon interlocuteur.

Peut-être estimez-vous que votre temps et vos idées valent plus que celles des autres ?

Ou peut-être avez-vous oublié comment faire ? Vous avez perdu l'habitude d'écouter attentivement les autres. Quelle que soit la raison, le résultat est le même : si vous vous débranchez, vous perdez contact. Des informations importantes vous échappent. Enfin, et surtout, vous perdez l'occasion d'entretenir une relation de respect mutuel avec votre interlocuteur.

> *Si je veux connaître votre opinion, je vous demanderai de remplir les formulaires nécessaires.*
> Anonyme

Les spécialistes estiment qu'il existe deux degrés d'écoute :
- l'écoute superficielle (vous vous branchez et vous vous débranchez sans même vous en apercevoir) ;
- l'écoute en profondeur (vous fixez votre attention sur votre interlocuteur, vous êtes sincèrement curieux, vous apprenez à le connaître).

Nous ne consacrons en général que très peu de temps à l'écoute en profondeur ; d'ailleurs, peu d'entre nous savent comment développer cette faculté. Voici ce que vous pourriez faire.

Suivez le mot clignotant

Vous êtes occupé, débordé. Comment devenir rapidement quelqu'un qui sait écouter ? Utilisez la technique du mot clignotant, comme suit.

Scénario : Vous déjeunez avec Pierre, votre collègue ; pendant qu'il parle, vous décidez de l'écouter en profondeur. Voici ce qu'il dit : « Ce dossier est un cauchemar. J'ai bien hâte de pouvoir le refermer. »

1. Dégagez un ou plusieurs mots clignotants :
   « Ce **dossier** est un **cauchemar**. J'ai bien hâte de pouvoir le **refermer**. »

   Vous pouvez alors interroger Pierre sur le dossier, le cauchemar ou la fermeture du dossier.

2. Interrogez votre interlocuteur sur l'un des mots clignotants.
   « Explique-moi. Pourquoi est-ce cauchemar ? »
3. Écoutez la réponse de Pierre.
   « C'est à cause du **client**. »
4. Trouvez les mots clignotants dans sa réponse et interrogez-le à ce sujet.
   « Qu'a-t-il de spécial, ce client ? »
5. Prêtez attention à la réponse de Pierre.
   « Il se **plaint** de tout. Et il nous fixe des **échéances impossibles**. »

6. Dégagez un mot clignotant dans la réponse et interrogez votre interlocuteur à ce sujet.
« Mais est-ce lui qui fixe les échéances ? »
Ou : « De quoi, en particulier, se plaint-il ? »

Avez-vous compris ? Si vous vous concentrez sur un mot en particulier, vous apprendrez beaucoup. En outre, il est impossible de se tromper en adoptant cette technique. Si vous suivez un mot qui ne clignote pas, eh bien, ne vous en faites pas : votre interlocuteur se chargera d'élaborer sur ce qui est véritablement important pour lui.

Posez des questions du type Comment ? Pourquoi ? Où ? Quand ? Ou demandez à votre interlocuteur d'être plus explicite. En suivant le mot clignotant, vous avez pénétré plus profondément dans le problème de Pierre. Il se sent écouté et sait que vous lui accordez suffisamment d'importance pour compatir à ses difficultés, voire pour l'aider.

Vous remarquerez toutefois qu'il est impossible de suivre le mot clignotant en n'écoutant que de manière superficielle. Vous devez maintenir une attention soutenue.

(Essayez d'apprivoiser cette technique chez vous. Votre conjoint, vos enfants ou vos amis constateront avec plaisir que vous savez désormais écouter.)

> *Bien que la langue ne pèse pas lourd,*
> *peu de gens sont capables de tenir la leur.*
> Anonyme

En écoutant, vous comprendrez le monde qui vous entoure, votre entreprise, vos collègues, leurs problèmes et leurs buts. La compréhension est essentielle ; elle vous permettra :
- de nouer des relations étroites ; vous y gagnerez la loyauté et le dévouement de vos collègues, de vos subalternes et de vos clients ;

- de recevoir des idées et des informations (car les autres auront envie de vous en faire part);
- d'obtenir davantage ce que vous désirez, avec l'aide de votre supérieur.

✯ ✯ ✯

Écouter est bien plus utile que de parler.
Aussi curieux que cela puisse paraître,
ce sont ceux qui savent écouter (et non ceux qui savent parler) qui obtiennent ce qu'ils désirent au travail.
Les témoignages à cet effet sont accablants.
Les entreprises recherchent aujourd'hui des gens
qui ont non seulement un QI (quotient intellectuel) élevé,
mais aussi un QE (quotient émotionnel) développé.
Et les gens dotés d'une grande intelligence émotionnelle
se distinguent par leur capacité d'écouter les autres,
de compatir avec eux et de les comprendre.
Soyez à l'écoute !

Aperçu dans un avion

Chapitre 22

Respectez vos valeurs

Voilà une vingtaine d'années que nous interrogeons des personnes de toutes les tranches d'âge, de tous les secteurs d'activité et de tous les milieux socioculturels sur leurs valeurs. Que nous répondent-elles ?

- « Pour moi, ce qui compte, ce sont les gens avec qui je travaille. Je ne pourrais pas imaginer la vie sans eux. »
- « J'apprécie surtout mon travail, qui est complexe et extraordinairement créatif. Il me force à me dépasser et c'est justement ce qui me plaît. »
- « J'aime avoir la possibilité d'apprendre. Pour moi, c'est crucial. »
- « J'ai beaucoup d'estime pour mon supérieur, qui est formidable. Il m'accorde la liberté de travailler comme je l'entends. »

Les valeurs sont les filtres à travers lesquels doivent passer nos décisions. Elles définissent ce qui compte le plus pour nous : elles représentent nos critères personnels. Elles sont si importantes que c'est en fonction d'elles que nous décidons de rester ou de partir. Lorsque notre environnement professionnel est en harmonie avec nos valeurs, la vie est belle. Nous éprouvons une sensation de bien-être ; notre travail prend tout son sens, il devient important.

Mais lorsque notre milieu de travail cesse de refléter nos valeurs, rien ne va plus. Quelque chose manque. L'argent et le prestige ne suffisent pas toujours à combler ce vide. Certaines personnes prennent la décision de rester, mais leur santé – mentale, émotionnelle et physique – en paie le prix.

> *Les valeurs sont notre salaire émotionnel, ce qui veut dire que certains d'entre nous travaillent pour rien.*
> HOWARD FIGLER,
> EXPERT-CONSEIL EN ORIENTATION PROFESSIONNELLE

Si cette phrase vous semble pertinente, prenez le temps de songer au « salaire émotionnel » que vous souhaitez percevoir. Que faire ? N'attendez pas de votre supérieur qu'il remarque votre malaise. N'attendez pas de votre entreprise qu'elle change ses valeurs pour vous faire plaisir. Définissez clairement ce que vous jugez inacceptable. Trouvez le moyen d'harmoniser vos valeurs avec les gens, le lieu de travail ou le travail même.

Définissez VOS valeurs

Saviez-vous que vous consacrez près de deux mille heures par an à travailler ? Vous ne passez même pas autant de temps à dormir ! Il est évident que votre vie serait plus agréable si vous faisiez quelque chose qui vous plaît, quelque chose qui correspond aux valeurs qui vous tiennent à cœur.

Pour définir vos valeurs, invitez un ami à vous poser les questions suivantes et, une fois que vous aurez répondu, à vous demander : « Pourquoi ? »

- Qu'est-ce qui vous manquerait le plus si vous quittiez cette entreprise ou cet emploi ?

- Quelles caractéristiques particulières possédait le meilleur emploi que vous ayez jamais eu ?
- À quelle occasion vous êtes-vous senti particulièrement stimulé ici ?
- Quelles sont les valeurs sur lesquelles vous n'êtes pas prêt à faire de compromis, en dépit des conséquences ?

Vos réponses (et votre ami, s'il sait écouter) vous en révéleront beaucoup sur vos valeurs.

> J'ai démissionné de mon emploi auprès d'une grosse compagnie d'assurances pour entrer chez un concurrent, parce que le degré d'autonomie me semblait idéal. J'avais toute latitude pour gérer les nouveaux comptes en exploitant ma veine créatrice. Au bout de quelques mois, je me sentais affreusement malheureux, mais je ne savais pas pourquoi. Un jour, je suis allée déjeuner avec l'une de mes anciennes collègues. Lorsque je lui ai fait part de ma situation, elle n'a pas semblé surprise. « Chez nous, tu passais le plus clair de ton temps à discuter avec tes collègues, même lorsque cela n'était pas vraiment nécessaire. Tu as besoin de contacts. » Elle avait raison. Je croyais que l'autonomie comptait par-dessus tout pour moi. Je me trompais. Oui, j'aime l'idée de travailler en toute indépendance, mais pas au détriment de mes relations avec les collègues.

Maintenant, comparez vos réponses aux questions ci-dessus avec l'échelle de valeurs qui se trouve un peu plus loin. Lesquelles aimeriez-vous renforcer dans votre vie professionnelle ? Rappelez-vous que les valeurs changent ou, tout au moins, que leur importance relative évolue. Par exemple, si vous jugiez autrefois la possibilité d'avancement extrêmement importante, peut-être qu'aujourd'hui, c'est la créativité qui vous paraît dominer votre échelle de valeurs. Ou bien peut-être aimez-vous réellement votre emploi actuel et vous refusez-vous à démissionner, même si vous n'avez guère de chances d'avancement dans cette entreprise.

Cochez les sept valeurs les plus importantes pour vous. Puis cochez la case « J'en voudrais davantage » si vous estimez que votre travail actuel ne reflète pas suffisamment cette valeur.

Valeur	Très important	J'en voudrais davantage
Apprentissage	_____	_____
Avancement	_____	_____
Autonomie	_____	_____
Autorité	_____	_____
Capacité de prendre des décisions	_____	_____
Compétences techniques	_____	_____
Créativité	_____	_____
Défis	_____	_____
Déplacements	_____	_____
Équilibre vie personnelle-travail	_____	_____
Évaluation du rendement	_____	_____
Intégrité	_____	_____
Leadership	_____	_____
Plaisir	_____	_____
Prestige	_____	_____
Récompenses financières	_____	_____
Relations avec les collègues	_____	_____
Respect, hommages	_____	_____

	Très important	J'en voudrais davantage
Responsabilité sociale	____	____
Responsabilités	____	____
Routine	____	____
Serviabilité	____	____
Stabilité	____	____
Stimulation intellectuelle	____	____
Structure	____	____
Travail en équipe	____	____
Variété du travail	____	____
_____	____	____
_____	____	____
_____	____	____

Qu'avez-vous appris ? Vos valeurs sont-elles en harmonie avec votre travail ? Par exemple, si vous aimez prendre des décisions, peut-être travaillez-vous dans une entreprise qui accorde une valeur primordiale à la hiérarchie et aux règlements. S'il y a un conflit, peut-être souhaiterez-vous réfléchir à son origine : vous ? votre supérieur ? votre équipe ? la haute direction ? Avant de gagner votre autonomie, vous devrez remonter le problème jusqu'à la source.

Définissez LEURS valeurs

À quoi votre supérieur, votre équipe et votre entreprise attachent-ils le plus d'importance ? Comment le savez-vous ? Pour définir clairement leurs valeurs, vous devrez entreprendre une recherche approfondie.

Pour définir les valeurs de votre supérieur :
✓ Surveillez ses faits et gestes. Ils sont plus éloquents que des paroles.

> Elle m'avait assuré attacher beaucoup d'importance à l'équilibre entre la vie personnelle et le travail. Pourtant, elle-même passait tous les soirs au bureau et venait travailler les fins de semaine.

✓ Remarquez ce qu'il loue et récompense chez vous comme chez les autres.

> Il m'a dit avoir été impressionné par ma ponctualité. J'ai remarqué qu'il jugeait également très important d'arriver à l'heure aux réunions du personnel.

✓ Demandez-lui de vous aider en jetant un coup d'œil à votre échelle de valeurs et en discutant de la différence entre vos choix et les siens. (Il n'est pas nécessaire de lui demander de cocher des cases, une discussion suffira.) Expliquez-lui que vous cherchez à accroître votre satisfaction professionnelle.

Pour définir les valeurs de votre équipe :
✓ Suggérez une discussion. Posez ce genre de questions :
- Quelles sont nos valeurs en tant qu'équipe ? En quoi sont-elles différentes de nos valeurs personnelles ? En quoi leur ressemblent-elles ?
- Comment nos différences pourraient-elles accroître la productivité de l'équipe ? En quoi constituent-elles des obstacles ?
- Que pourrions-nous apprendre des gens dont les valeurs diffèrent des nôtres ? Qu'y gagnerions-nous ?

✓ Notez les comportements, les attitudes et les activités que les membres de votre équipe jugent favorablement.
✓ Notez ceux qu'ils jugent défavorablement.

Pour définir les valeurs de votre organisme :
✓ Essayez de dégager les caractéristiques souvent implicites du travail dans l'entreprise. Certains organismes, par exemple, sont très fiers d'annoncer qu'ils pressent leurs employés comme des citrons. D'autres accordent une importance suprême à la créativité. D'autres encore estiment que pour être productif, le travail doit être amusant.
✓ Lisez les manuels et les guides à l'intention des employés. Recherchez des expressions telles que : « Nous récompensons la productivité » ou « Nos employés sont notre force ». Cela correspond-il à votre expérience dans l'entreprise ?
✓ Observez les préférences et les comportements des cadres et des autres membres de la direction. Qui est récompensé ? Pourquoi ? Est-ce en harmonie avec l'énoncé des valeurs que l'entreprise affiche sur ses murs ?
✓ Discutez avec des collègues qui auront remarqué si les valeurs ont changé avec le temps et pourquoi.

En définissant les valeurs des autres, vous cernerez les points communs et les différences. Peut-être ces dernières sont-elles plus triviales que vous ne le pensiez. Ce que vous croyiez être des différences de valeurs, ne sont peut-être que des divergences de style.

Et maintenant, mélangez tout ça

Une fois que vous aurez défini vos valeurs et les leurs, essayez de les harmoniser les unes avec les autres. Par exemple, si vous jugez important de vous amuser au travail, mais que votre entreprise se prend très au sérieux, peut-être pourriez-vous lancer une campagne destinée à alléger l'ambiance générale. Parlez-en à votre supérieur et mobilisez son aide (dans la mesure où il n'est pas du genre éteignoir !). Les bons gestionnaires souhaitent que leurs employés soient satisfaits de leur travail. Ils savent que pour en arriver là, il faut que leurs valeurs correspondent à celles de l'employeur et du travail.

> Nous avons adopté une démarche selon laquelle les directeurs des comptes clients devaient rivaliser les uns avec les autres, pour le plus grand profit de la compagnie. La haute direction trouvait cette idée extraordinaire. On nous a offert des cours de formation, assortis de discours toniques. J'ai immédiatement détesté l'ambiance ainsi créée et je me suis aperçue que ce qui me plaisait dans mon travail, c'était la collaboration, et non pas la concurrence. J'ai donc mis mon curriculum vitæ à jour. Et puis, par le plus grand des hasards, j'ai appris que beaucoup de collègues étaient, eux aussi, prêts à tirer leur révérence, pour la même raison. Personne, dans notre groupe, n'appréciait l'idée de travailler dans un environnement de type « panier de crabes ».
>
> Nous avons décidé d'en discuter avec notre supérieur. Nous lui avons expliqué clairement notre point de vue. Il nous a fait comprendre que l'idée de la compagnie n'était pas de nous dresser les uns contre les autres, mais simplement de faire des bénéfices. Le moyen importait peu. À partir de là, nous avons formulé un plan de gestion collective, qui mettait l'accent sur le travail d'équipe plutôt que sur la concurrence. Cette démarche s'est révélée beaucoup plus efficace et la haute direction est enchantée du résultat.

Si votre supérieur vous affirme avoir des idées pour remédier à la situation, écoutez-le et discutez-en avec lui. L'impossible devient souvent possible lorsque nous élargissons notre quête de solutions. Et si le problème demeure, vous pouvez toujours vous faire muter ailleurs dans l'entreprise. D'un service à l'autre, les méthodes de travail, l'ambiance, les normes et les valeurs peuvent varier du tout au tout.

Ce n'est pas tout ce qui peut être compté qui compte et ce n'est pas tout ce qui compte qui peut être compté.
ALBERT EINSTEIN

Définissez vos valeurs afin de voir si elles correspondent (ou pas) à celles de votre lieu de travail et de vos fonctions. N'oubliez pas que les valeurs changent avec le temps, les vôtres tout comme celles des autres. Ne renoncez jamais à harmoniser vos valeurs avec celles de votre travail. C'est grâce à elles que vous serez satisfait de ces deux mille heures (au minimum) de travail que vous fournissez chaque année.

Chapitre 23

Pensez à votre santé avant tout

Nous le savons, vous le savez, ils le savent. Un employé malade, débordé, stressé ou surmené ne produit pas autant qu'il le devrait. Il ne prend pas non plus plaisir à son travail. Malheureusement, le travail, surtout lorsqu'il s'agit d'une passion, a tendance à engloutir tout le reste.

> Depuis des mois, je travaillais sept jours sur sept, quatorze heures par jour, simplement pour ne pas accumuler de retard. Je ne parvenais pas à me concentrer plus que quelques minutes d'affilée, ma créativité s'était presque tarie. Je perdais du temps à essayer de rester éveillé et je nageais dans le café. C'étaient des moments que j'aurais préféré passer en compagnie de mon chien ou sur mon vélo. Je souffrais de maux de tête et d'insomnie, du moins lorsque je prenais le temps d'aller me coucher !
>
> Deux ans se sont écoulés depuis. L'expérience m'a fait comprendre que ma santé passe avant tout et que j'en

suis responsable. Cela ne veut pas dire que je n'aime plus mon travail. Il m'arrive encore de passer la nuit à mon pupitre. Mais je prends le temps de sortir avec mes amis, de faire du sport et de dormir. Et devinez le résultat ! Mes moments de loisir rendent les heures de travail bien plus productives qu'avant.

Peut-être le moment est-il venu de procéder à un examen médical, accompagné d'un examen de conscience. Demandez-vous : « Mais pourquoi donc suis-je surmené ? Qui m'oblige à me surmener ? » Et si le coupable, c'était vous ? Savez-vous gérer votre temps ? fixer des limites ? dire non ? établir vos priorités ?

Naturellement, il arrive que le coupable soit notre employeur. Votre entreprise a-t-elle fusionné avec une autre ? A-t-on comprimé les effectifs ? La production a-t-elle doublé, triplé, quadruplé ? Vous a-t-on confié le volume de travail de trois personnes ?

Parfois, la responsabilité de ce stress accru est partagée, mais le résultat est le même. « Prenez le temps de déjeuner et vous servirez de déjeuner ! » avons-nous lu sur les murs, dans les locaux d'une compagnie de Silicon Valley, aux États-Unis. Quel charmant message ! Rien d'étonnant que l'épuisement se lise sur les visages émaciés des employés. Les génies de la haute technologie sacrifient souvent leur santé et leur bien-être sur l'autel des échéances, des bénéfices, de leur propre éthique de travail et du succès du patron. Mais un jour ou l'autre, cela se retourne contre eux et contre l'entreprise. Tout le monde en souffre, le travail en premier.

Si vous ne prenez pas le temps de vous amuser, vous serez un jour obligé de prendre celui d'être malade.
JOHN WANAMAKER

Voici quelques symptômes de surmenage :
- Votre famille se plaint de ne jamais vous voir ;
- Vos « jouets » (raquette de tennis, clubs de golf, romans, saxophone, outils de jardinage...) se couvrent de poussière au fond du grenier ;
- Vos « vacances » se limitent généralement à de longues fins de semaine ;
- Vous emportez régulièrement du travail à la maison, le soir et les week-ends ;
- Vous arrivez toujours en avance au travail et vous partez plus tard que les autres ;
- Vous rencontrez très rarement des amis ou des membres de votre famille pour déjeuner ;
- Vous avez abandonné vos activités de loisir et vous ne mettez jamais les pieds au complexe sportif dont vous acquittez pourtant la cotisation.

Il est évident que votre supérieur et votre organisme pourraient agir afin d'atténuer votre stress et d'accroître votre bien-être. Une fois que vous aurez une suggestion à leur faire, allez-y !

Mais au bout du compte, c'est à vous de vous prendre en main, de veiller à votre santé, de conserver votre énergie et d'établir l'équilibre indispensable entre le travail et la vie personnelle. Vous constaterez que votre satisfaction et vos succès professionnels en seront décuplés.

Gérez votre temps (oui, mais comment ?)

Voici une méthode :
- Une semaine compte 168 heures. Si vous dormez 8 heures par nuit (nombre d'heures recommandé pour la santé), il vous en reste 112 ;
- Si vous travaillez 50 heures de ces 112 (nous incluons le temps passé à vous rendre au travail et à en revenir), il vous en reste 62 ;

- Si vous travaillez tard, que vous apportez des dossiers à la maison ou que vous allez au bureau les fins de semaine, il ne vous reste peut-être que de 30 à 40 heures… moins si vous perdez votre temps ou remplissez des tâches inutiles.

Essayez de gérer sagement votre temps de travail, afin de consacrer toutes vos heures de veille à des activités productives et satisfaisantes.

> Je travaillais tard presque chaque soir, mais je savais que rien ne m'y obligeait. J'ai suivi un cours de gestion du temps. J'en ai retiré beaucoup d'idées, ainsi que des outils et des techniques destinés à m'aider à consacrer plus de temps à la réflexion, au divertissement et à l'exercice. J'ai aussi compris que ce qui me faisait perdre le plus de temps, au travail, c'étaient mes bavardages avec mes collègues. J'ai tenu le compte des moments ainsi gaspillés. J'en suis arrivée à un total délirant : plus d'une heure par jour ! J'ai réussi à diminuer ce chiffre de moitié, non sans difficulté. J'ai besoin de ces contacts et je ne veux pas les éliminer entièrement. Mais la demi-heure que j'ai ainsi gagnée me permet d'avancer mon travail et de rentrer à la maison un peu plus tôt. J'évite l'heure de pointe et je consacre plus de temps à ma famille.

Que faites-vous de la trentaine d'heures qui vous reste ? Si vous êtes un Nord-Américain typique, vous passez cinq ou six heures par jour vautré devant un écran (de télévision ou d'ordinateur). Cela donne un total de 35 à 42 heures par semaine. Par conséquent, il ne vous reste absolument rien pour faire du sport, passer du temps en famille, vous adonner à un loisir quelconque. Rien d'étonnant que les gens se plaignent de ne pas avoir assez de temps ! Si vous éteigniez la télévision ou l'ordinateur deux jours par semaine seulement, pensez à tout ce que vous pourriez faire pour votre santé et votre bien-être !

Voici une autre méthode de calcul. Si vous vivez jusqu'à soixante-dix ans, vous passerez :
- vingt-trois ans de votre vie à dormir ;
- dix-sept ans à travailler ;
- onze ans à regarder la télévision ;
- deux ans à vous préparer.

Et si vous passiez quelques-unes de ces années à faire autre chose ?

Pour conserver votre santé ou pour l'améliorer, vous devrez parfois refuser une offre alléchante. Mais c'est à vous de savoir dire non.

> On m'a demandé de siéger à un comité. Il s'agissait d'une cause importante, qui me tient très à cœur, mais je suis heureuse d'avoir eu le courage de refuser. Je connais mes limites et mes priorités, je sais de combien de temps je dispose. J'ai appris par l'expérience.

Mangez et dormez (hein ?)

L'idée n'est pas nouvelle. Pourtant, des gens très intelligents semblent oublier l'importance de la nutrition et du sommeil.

> J'étais très fier de raconter à tout le monde que je me nourrissais de beignets et de café, et que je ne dormais que quatre heures par nuit... Jusqu'au jour où un examen médical (le premier depuis des années !) a révélé que j'avais vingt kilos de trop et que j'étais à la limite du diabète. J'en

> ai discuté avec mon patron. Je lui ai demandé d'appuyer mes efforts pour améliorer ma santé. Aujourd'hui, je dors davantage, je m'arrête de travailler chaque midi pour déjeuner, je me nourris correctement et je fais de l'exercice tous les jours en sortant du bureau. Je me sens beaucoup mieux et ma productivité a réellement augmenté.

Que mangez-vous ? Combien d'heures dormez-vous (en comptant les petits sommes au bureau) ? Que pourriez-vous changer à votre mode de vie ? Quand commencerez-vous ? À qui demandez-vous de vous soutenir et de vous aider ?

Faites de l'exercice (berk !)

La douleur est-elle indispensable ? C'est sans doute le cas chez un minuscule pourcentage de gens, les véritables athlètes et les haltérophiles. Mais la plupart des humains passent leur vie à éviter la douleur.

> Je me suis inscrit au centre sportif au moins dix fois. J'y vais quelque temps, juste assez pour ne plus sentir de courbatures… puis je commence à me donner des excuses pour éviter d'y aller (je dois emmener mon chat chez le vétérinaire, je dois aller faire laver ma voiture, etc.). En fin de compte, j'abandonne. Puis, le 4 janvier, je me réinscris. Et tout recommence.

Il est possible que l'idée de faire du sport dans un centre vous intéresse, mais ce n'est pas ce qui compte. L'important, c'est de trouver une activité que vous aimez ; vous aurez ainsi de meilleures chances de persévérer.

Aperçu dans un centre sportif.

J'avais toujours eu du mal à intégrer le sport dans mon horaire chargé. Je dirige une grosse équipe et les journées sont toujours trop courtes. Un jour, une collègue qui occupe un poste semblable au mien et assume les mêmes responsabilités, m'a invité à faire une petite promenade avec elle, très tôt le matin. Elle avait un problème au travail et souhaitait me demander conseil. Nous avons parcouru près de sept kilomètres sans même nous en rendre compte. Elle a résolu son problème et j'ai résolu le mien. Depuis dix-sept ans, nous marchons ensemble au moins une fois par semaine, tôt le matin.

Si vous aimez la variété, promenez-vous un jour, jardinez le lendemain, sautez à l'élastique le surlendemain !

Apprenez à gérer votre stress et à vous détendre (hum !)

> *Le stress est un ignorant. Il est convaincu que tout est un cas d'urgence.*
> NATALIE GOLDBERG

Savez-vous respirer ? Vraiment respirer ?

> J'ai suivi un cours de cinq jours avec mes collègues. En sus des séances professionnelles, il y avait des activités de plein air et des ateliers de gestion du stress. C'est là que nous avons appris à RESPIRER, à nous détendre, à vider notre esprit trop encombré, à nous concentrer sur un merveilleux paysage de vacances. Nous avons appris à éliminer les pensées négatives et à faire naître les pensées positives. Mon leitmotiv, lorsque je me sens sur le point d'être écrasée sous le travail, c'est : « Pourquoi m'énerver, j'arrive toujours au bout. » Ce n'est pas très profond, mais ça marche.

Essayez ces techniques :
- ✓ La prochaine fois que vous vous sentirez stressé, trouvez un endroit tranquille (même les toilettes peuvent faire l'affaire). Respirez lentement en vous concentrant uniquement sur votre souffle. Sentez l'air entrer et sortir de vos poumons ;
- ✓ Trouvez un CD de relaxation ou suivez un cours. Il existe sûrement une technique qui vous conviendra ;
- ✓ Inventez trois phrases affirmatives.

> Ma phrase préférée me fait sourire et me permet de me détendre automatiquement : « J'adore les échéances. Je me délecte d'entendre leur bruissement délicieux lorsqu'elles passent à tire-d'aile devant moi. »

Débranchez... débranchez (ahhh !)

L'ère des communications est extraordinaire, n'est-ce pas ? On peut vous joindre partout et n'importe quand.

> J'ai suggéré à mon patron d'instaurer un vendredi matin sans communications pour voir si notre productivité y gagnerait. Aucune sonnerie, aucun grelot ne viendrait nous distraire. Le résultat a été si remarquable que, maintenant, c'est la règle le vendredi matin. Notre stress a diminué, tandis que notre efficacité a augmenté.

Y avez-vous pensé ?
- Prendre des vacances... sans ordinateur, sans cellulaire, sans télé-avertisseur ?
- Éteindre la sonnerie de vos appareils de communication divers et variés lorsque vous dînez avec des amis ou en famille ?
- Décrocher lorsque vous sortez du travail ? Aller au cinéma, jouer aux dominos, construire quelque chose, écouter de la musique, prendre des photos, apprendre à dessiner, observer les oiseaux, tenir un journal, faire du vélo... en plein milieu de la semaine !

Des pas de fourmis pour des étapes géantes

Si votre vie est déséquilibrée, si vous passez plus de temps à travailler que vous ne le souhaiteriez, voici quelques idées. Commencez à pas de fourmis pour ne pas traumatiser votre organisme !
- ✓ N'allez pas travailler les fins de semaine ce mois-ci.
- ✓ N'emportez du travail à la maison que deux soirs cette semaine.
- ✓ Quittez le bureau à l'heure exacte au moins une fois cette semaine.

- ✓ Refusez d'assister à la prochaine réunion en dehors des heures de travail (horreur !).
- ✓ Allez déjeuner à l'extérieur, un jour sur deux cette semaine.
- ✓ Adhérez (une fois encore) à un centre sportif.

**C'est vous qui êtes responsable de votre santé
et de votre bien-être.
Demandez à votre supérieur ou à des amis
de vous aider à atteindre vos objectifs sur ce plan.
Surtout, prenez-vous en main, dès aujourd'hui,
pour améliorer votre condition physique et émotionnelle.
Prenez rendez-vous chez le médecin et faites
votre examen de conscience.
Et maintenant, nous allons faire une petite promenade.**

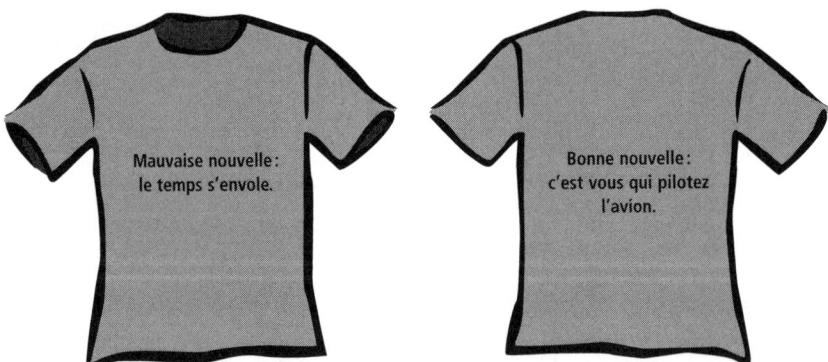

Aperçu dans un magasin d'aliments naturels.

Chapitre 24

Initiez le dialogue avec les générations X, Y, Z

Vous êtes-vous déjà senti :
- contrarié par ce gamin qui n'a aucun respect pour ses aînés ?
- agacé par la loyauté aveugle d'un collègue plus âgé ?
- irrité parce que votre supérieur aimerait que vous deveniez un bourreau de travail, comme lui ?
- exaspéré par la manie d'un petit nouveau, qui envoie des courriels au lieu de téléphoner ?

> Ses courriels sont incroyablement impolis. Ni salutation, ni ponctuation, ni majuscules. Ce sont des messages totalement sibyllins. On m'a appris à m'adresser poliment aux gens – « Cher Jean » –, à les remercier et à terminer mes lettres par une formule de politesse quelconque. Rien d'étonnant que nous ne nous entendions pas !

Ce genre de problème surgit lorsque les conceptions diffèrent. Et elles diffèrent souvent à cause du fossé des générations. Certaines personnes sont si agacées par le comportement de leurs collègues plus jeunes ou plus âgés qu'elles abdiquent. Elles cessent de communiquer. Parfois, si le conflit persiste, elles envisagent de démissionner.

Les spécialistes nous expliquent que, pour la première fois de l'histoire, quatre générations cohabitent sur le marché du travail. Les noms et les définitions de ces groupes varient en fonction des chercheurs, mais voici les étiquettes les plus courantes : les aînés (nés entre 1933 et 1945), les *baby-boomers* (nés entre 1946 et 1964), les membres de la génération X (nés entre 1965 et 1976) et ceux de la génération Y (nés entre 1977 et 1994).

Les sociologues ont entrepris des centaines d'études et rédigé des dizaines de livres sur le fossé des générations. Ils estiment que chaque génération possède son histoire, sa perspective, ses attitudes, ses valeurs, ses comportements et ses attentes. Tout cela est façonné par les influences culturelles de l'époque.

Si vos supérieurs, vos subalternes ou vos collègues vous irritent parce qu'ils sont plus jeunes ou plus âgés, n'abdiquez pas, tout au moins pas avant d'avoir essayé de combler le fossé. Par exemple :

- ✓ Souvenez-vous de ce qui se passait sur la planète pendant leur enfance et des événements qui ont influencé leur vision du monde et leur conception du travail ;
- ✓ Respectez ce qu'ils ont à vous apprendre et essayez de les comprendre, d'envisager la situation sous leur angle ;
- ✓ Nouez des relations de travail efficaces, pour vous comme pour eux.

N'attendez pas qu'ils fassent le premier pas. Allez de l'avant. Pourquoi ? Parce qu'en attendant de les voir agir, vous perdrez un temps précieux. En revanche, si vous faites l'effort de combler le fossé, vous ressentirez une grande satisfaction personnelle tout en vivant de nouvelles expériences.

Le grand fossé

Il peut être extrêmement stimulant et satisfaisant de combler le fossé des générations. Mais avant d'arriver au bout de vos peines, vous risquez de vivre des moments de découragement et d'exaspération.

> Le responsable de mon équipe ne comprend pas et n'essaie pas de comprendre mes besoins. Je crois que notre problème, c'est un conflit de générations. Il est tout nouveau et il a besoin de faire ses preuves, alors que je suis un vétéran chevronné. Nos valeurs sont différentes, en partie parce que nous nous trouvons à des moments différents de notre carrière, en partie aussi parce que nous avons été élevés et que avons vécu différemment. J'envisage de prendre une retraite anticipée. C'est la seule solution qui me paraît acceptable. Je n'aurais jamais pensé que la situation pourrait devenir si inconfortable.

Si vous avez déjà vécu cela, rassurez-vous. Beaucoup d'autres options s'offrent à vous.

Comment voyez-vous les autres ?

Si vous avez du mal à collaborer avec un ou plusieurs collègues qui ont une génération (ou deux) de moins que vous, c'est peut-être à cause des idées que vous vous faites à leur sujet. Il est possible que vous ayez raison, naturellement. Et si vous aviez tort ?

Considérez-vous vos collègues, vos subalternes et vos supérieurs plus jeunes que vous comme des gamins naïfs, inexpérimentés, exigeants ?

Ou voyez-vous plutôt :
- leur énergie et leur optimisme, que vous jugez rafraîchissants ?
- leur esprit vif et alerte, qui pourrait vous aider à résoudre un problème ?
- leurs compétences techniques de pointe ?
- leur enthousiasme pour s'attaquer aux problèmes, leur soif d'apprendre, leurs objectifs ambitieux ?
- leurs nouvelles perspectives, venues d'autres entreprises, écoles ou pays ?
- autre chose ?

> Son enthousiasme et son optimisme irrépressibles m'irritaient. Il était si jeune ! Il ne savait rien sur l'organisme, ses dirigeants, ses valeurs. Je l'évitais et je faisais tranquillement mon travail. Je ne lui ai jamais proposé mon aide.
>
> Un jour, nous avons commencé à bavarder dans le salon des employés et il m'a interrogé sur ma carrière dans l'entreprise. Je lui ai raconté quelques anecdotes sur nos réussites et nos échecs, sur les fondateurs, sur tous les changements dont j'avais été témoin. Il a comparé notre entreprise à celle où il travaillait précédemment, en énumérant les nombreux avantages de la nôtre. Nous nous sommes écoutés l'un l'autre. Il y a de cela quatre ans et, depuis, nous sommes devenus amis et collègues. Son optimisme a déteint sur moi. Quant à lui, il a beaucoup appris sur l'organisme.

Lorsque vous regardez vos collègues, vos subalternes ou vos supérieurs plus âgés, voyez-vous de l'argent ou de l'or ? Les considérez-vous comme coûteux, dépassés, surmenés, désuets, réactionnaires ? Ou voyez-vous plutôt :

- leur connaissance appréciable de l'histoire de l'entreprise ?
- leur sagesse, leur objectivité, leur expérience ou leur patience ?
- leurs qualités de grands chefs ?
- leur dévouement, leur loyauté et leur conscience professionnelle ?
- leurs conseils et leurs avis sincères ?
- Autre chose ?

> Mon patron a trente ans de plus que moi. Au début, cet écart m'effrayait. Nous étions si différents ! Je fais mon possible pour avoir une vie personnelle en dehors du bureau, mais il considère cette attitude comme un manque de dévouement. Je suis très indépendant et je n'aime pas qu'on regarde constamment par-dessus mon épaule. Nous avons grandi dans des mondes différents, nous avons une conception très différente du travail.
>
> Un jour, je l'ai invité à venir prendre le café pour discuter de nos divergences de vues. J'ai appris énormément sur sa carrière et ses motivations. Je lui ai parlé de moi. Je suppose que c'est pour cette raison que nous entretenons aujourd'hui d'excellentes relations professionnelles. Nous acceptons de parler de nos divergences et d'essayer de comprendre le point de vue de l'autre. À beaucoup d'égards, j'ai tiré profit de cette différence d'âge qui m'irritait tant au départ.

Vous noterez que les listes ci-dessus peuvent également s'appliquer aux membres de la catégorie opposée. Vous avez certainement des collègues âgés qui sont dotés d'un esprit vif et de compétences de pointe. Et vous connaissez certainement des jeunes qui vous impressionnent par leur leadership et leur sagesse. Pour comprendre les gens avec qui nous travaillons, nous devons constamment remettre en question nos idées préconçues. Il faut toujours prendre en considération les différences entre les individus.

Combler le fossé

Les solutions, vous l'avez compris, apparaissent en caractères gras dans les témoignages que vous venez de lire. Si vous êtes exaspéré ou découragé par le comportement d'un collègue plus jeune ou plus âgé, plusieurs possibilités s'offrent à vous.

- ✓ **Parlez :** Faites le premier pas. Allez prendre un café et discutez du fossé des générations. Expliquez ce que vous ressentez, ce que vous voyez. Donnez votre point de vue. Narrez des anecdotes afin d'illustrer vos motivations. Parlez de vos supérieurs (des bons comme des mauvais), de vos succès et de vos échecs, de vos craintes et de la manière dont vous les avez surmontées, des occasions que vous avez laissé passer. Et laissez à l'autre la possibilité de se raconter !
- ✓ **Écoutez :** Faites de l'écoute active. Posez des questions : « Comment cela est-il arrivé ? », « Qui était concerné ? », « Quelles en ont été les répercussions sur ton travail ? » Écoutez les réponses avec attention. Plus vous écouterez, plus vous apprendrez. Comparez vos expériences et vos perspectives. Cernez les différences (attentes, sécurité d'emploi, stabilité) et les points communs (besoin de récompenses, de respect professionnel). Comment ces valeurs se reflètent-elles dans votre réflexion actuelle ?
- ✓ **Comprenez :** Essayez de comprendre les forces culturelles qui ont influencé votre interlocuteur. Qui ont été ses enseignants, ses modèles, ses idoles ? Quels problèmes sociaux, politiques, économiques ou techniques ont influencé son apprentissage et ses idées (guerre froide, krach de 1929, polio, ordinateurs, jeux vidéo, VTT, deux

parents au travail, etc.). Dégagez les points communs et les différences entre son expérience et la vôtre.
- ✓ **Apprenez :** Quelles compétences ou quels comportements pourriez-vous acquérir ? Que pourrait-on vous apprendre sur l'équilibre entre le travail et la vie personnelle ? sur la dernière trouvaille technologique ? Possédez-vous des qualités de chef que vous pourriez transmettre aux autres ?

**Aussi large que puisse vous paraître
le fossé des générations,
il ne doit pas vous empêcher de nouer
des relations efficaces et agréables.
Ne le laissez pas non plus gâcher
votre vie professionnelle.
Prenez des mesures pour le combler.
Parlez-en. Expliquez-vous
et essayez de connaître le point de vue de l'autre.**

Aperçu à l'occasion d'un 50ᵉ anniversaire.

Chapitre 25

Apprenez à céder

Il est bien rare que nous cédions, au travail comme dans la vie. Avez-vous déjà essayé de vous faufiler sur une autoroute bondée ? Beaucoup de gens ont besoin de se sentir aux commandes, de gagner chaque bataille, d'être les premiers, d'avoir toujours raison, d'obtenir ce qu'ils désirent ou ce dont ils ont besoin. Curieusement, le contraire est également vrai. Il est parfois bien plus bénéfique de céder le droit de passage à quelqu'un d'autre. Pour accroître votre satisfaction, pour poursuivre votre croissance personnelle et pour conserver votre énergie, apprenez à céder de temps à autre.

> J'ai l'habitude d'être aux commandes et de travailler en toute indépendance. Dès que j'ai formulé mon plan, je file sur des chapeaux de roues. Surtout, n'essayez pas de m'arrêter ! Mais un jour, l'une de mes collègues a suggéré de demander à un cabinet-conseil d'évaluer nos progrès, simplement pour nous assurer que nous étions sur la bonne voie.

> J'ai d'abord refusé, puis j'ai fini par accepter de mauvais gré. L'évaluation a été douloureuse, mais cruciale. Ensuite, nous avons effectué un virage si aigu que cela revenait presque à repartir à zéro. Notre mission s'est achevée sur un énorme succès. Heureusement, j'ai su céder à temps... du moins cette fois-ci !

Et vous ? Êtes-vous capable de céder ? **Posez-vous les questions suivantes** :
- M'arrive-t-il souvent de laisser, avec le sourire, quelqu'un d'autre passer devant moi à une réunion, à un carrefour, dans une file d'attente, dans un avion ?
- M'arrive-t-il souvent d'adopter l'idée de quelqu'un d'autre, même si elle diffère radicalement de la mienne ?
- M'arrive-t-il souvent de revenir en arrière, voire de repartir à zéro, même après avoir planifié ma route ?

Si vous avez répondu « jamais » aux trois questions, on vous a sans doute déjà qualifié d'autoritaire ou de rigide. Même si vous avez répondu « parfois » ou « à l'occasion », vous tirerez certainement profit des quelques leçons ci-dessous.

Les leçons : pourquoi et comment céder

Si vous aimez travailler de façon autonome, si vous êtes efficace ou motivé par les résultats, il est possible que vous trouviez extrêmement difficile de céder. Votre attitude se résume en quelques mots : « La question n'est pas de savoir qui va me laisser passer, mais bien qui va m'arrêter ! »

Si cela reflète votre mentalité, essayez d'apprendre à céder de temps à autre, pour les raisons suivantes :
- Il est impossible d'avoir toujours raison. Il peut arriver en effet que quelqu'un d'autre ait trouvé une solution plus judicieuse que la vôtre, qu'il dispose de renseignements plus à jour que les vôtres ou qu'il ait un point de vue plus objectif que le vôtre.
- Les autres seront plus coopératifs si vous leur laissez une chance de créer, de diriger, de s'exprimer. Avec la collaboration de votre équipe, vous accomplirez davantage.
- Vous aurez meilleure presse. Comment réagissez-vous lorsqu'on vous fait une queue de poisson sur la route, lorsque l'un de vos collègues monopolise la conversation ou qu'un supérieur refuse de remettre une décision erronée en question ?
- Vous aurez plus de succès. L'union fait la force. En écoutant les idées des autres, vous verrez votre propre créativité augmenter.

Voilà pourquoi il faut céder du terrain. Maintenant, voici comment.

Doucement ! vous allez trop vite !

Pour apprendre à céder, entraînez-vous à ralentir le rythme. **La semaine prochaine, essayez ceci :**
- ✓ Laissez quelqu'un passer devant vous (à une réunion, dans une file, à la cafétéria, dans l'autobus).
- ✓ La prochaine fois que vous ouvrirez la bouche pour parler le premier, n'allez pas plus loin. Respirez profondément et comptez jusqu'à cinq. Si personne d'autre n'a pris la parole, allez-y, c'est votre tour.
- ✓ Abandonnez votre ego, votre orgueil, votre obstination ou votre autorité le temps nécessaire pour donner suite à une idée, à une suggestion ou à une plainte d'un collègue, d'un employé, d'un client ou de votre supérieur. Interrogez-vous : « Et si nous suivions

son idée plutôt que la mienne ? Quels en seraient les inconvénients ? les avantages ? » Si le risque est minime, choisissez l'idée de l'autre plutôt que la vôtre.

> Mes collègues et mes subalternes se plaignaient de n'être jamais écoutés. Je suivais toujours mon idée, affirmaient-ils, sans accepter de mettre leurs suggestions en pratique. Ils ont fini par en parler à mon supérieur. Il y a de cela dix ans. Depuis, j'ai modifié mon comportement. J'écoute les conseils des autres, j'adopte leurs recommandations. Je me suis d'ailleurs aperçu qu'ils avaient souvent raison...

Comment faire céder votre supérieur

Si votre patron est habitué à faire la pluie et le beau temps, peut-être vous demandez-vous comment vous pourrez le persuader de céder de temps à autre. Tout d'abord, votre travail doit être irréprochable. Respectez vos objectifs et soyez fiable.

Ensuite, allez discuter avec lui. Demandez-lui de vous laisser plus d'autonomie, de liberté créative. Soyez aussi précis que possible. Donnez un exemple concret de ce que cette autonomie vous permettrait de faire si on vous l'accordait pendant deux mois. Plus vous serez précis, plus vous aurez de chance que votre supérieur cède à votre requête.

Expliquez l'importance de ce changement d'attitude pour vous et mentionnez les bénéfices qu'en tirera votre supérieur. La plupart des gens sont d'accord pour instaurer des mesures susceptibles d'accroître la satisfaction professionnelle des employés et leur rendement. Vous avez de bonnes chances de rester longtemps...

Et si vous cédiez trop facilement ?

L'excès en tout est un défaut. Cédez-vous trop souvent ?

Vérifiez !

Laquelle des phrases ci-dessous s'applique à vous ? Vous cédez trop souvent si :

✓ vous vous retrouvez toujours en dernière position ;
✓ vos idées ne sont jamais entendues, encore moins adoptées ;
✓ vous revenez en arrière, vous repartez à zéro, vous revenez encore en arrière, tout cela dans la même journée.

Si vous avez coché l'une de ces phrases, vous devrez apprendre à tenir bon, à dire ce que vous pensez et à promouvoir vos idées. Relisez les deux premiers chapitres (ou tout le livre, pourquoi pas ?) pour accroître votre confiance en vous et votre assurance.

**Imaginez des bretelles d'autoroute
ou des carrefours sans panneaux de signalisation,
ou une file devant un cinéma.
Seriez-vous éberlué si quelqu'un vous disait
aimablement : « Mais allez-y, voyons ! Passez devant ! » ?
Aussi contradictoire que cela puisse paraître,
en cédant (autrement dit, en donnant)
de temps à autre, vous obtiendrez davantage.**

Chapitre 26

Avez-vous atteint le sommet ?

J'adorais mon travail. Chaque poste que l'on m'offrait et chaque mission que l'on me confiait étaient encore plus intéressants que les précédents. Alors que je croyais avoir atteint la satisfaction suprême, un phénomène inattendu s'est produit : je me suis sentie soudain déçue. C'était causé en partie par l'arrivée d'un nouveau supérieur avec lequel je ne m'entendais pas très bien. Mais il y avait autre chose.

J'ai tout remis en question. Que manquait-il ? Que désirais-je vraiment ? Pouvais-je le trouver sur place ? J'ai cherché longtemps. Je ne pouvais pas me résoudre à abdiquer ni à m'ennuyer. Je savais que c'était à moi qu'il incombait de remédier à la situation.

Tout s'est bien terminé. J'ai un nouveau poste extrêmement stimulant et un supérieur avec lequel je m'entends très bien. Mais je sais que rien n'est immuable. La prochaine fois que l'ennui s'installera, ce sera encore à moi de partir à la recherche d'une nouvelle source de satisfaction professionnelle.

Nous avons parfois l'impression de passer notre vie à escalader une pente. Comme les enfants, nous attendons avec impatience d'arriver au sommet.

Le sommet, en l'occurrence, est représenté par une véritable satisfaction professionnelle. Pour la majorité d'entre nous, ce degré de satisfaction fluctue. Une fois parvenus au sommet, nous nous fixons de nouveaux objectifs afin de partir à la conquête d'un sommet encore plus élevé. Cela paraît ardu ? Pourtant, c'est souvent la grimpette qui est euphorisante ! La satisfaction ne naît pas uniquement du fait que nous avons réussi à atteindre la cime, mais encore des efforts que nous avons dû fournir pour l'atteindre.

La satisfaction

C'est vous qui êtes responsable de votre satisfaction. Naturellement, votre supérieur ou les dirigeants de l'entreprise peuvent prendre certaines mesures destinées à accroître le degré de satisfaction des employés. Mais au bout du compte, c'est vous qui tenez les rênes. C'est à vous qu'il incombe de commencer l'escalade jusqu'au zénith.

Nous vous avons offert vingt-six thèmes. Durant votre lecture, d'autres idées vous sont certainement venues à l'esprit. Votre satisfaction professionnelle dépendra, pour une large part, de la concrétisation de certaines de ces idées. Remettez-vous en question une fois de plus. Soyez sincère. Vous êtes seul à connaître votre degré de motivation. Prêt ? Saisissez votre crayon et cochez les réponses qui s'appliquent à vous.

Avez-vous atteint le sommet ?

	Oui	Non	J'essaie
1. Savez-vous ce que vous voulez et êtes-vous prêt à le réclamer ?	___	___	___
2. Assumez-vous la responsabilité de votre satisfaction et de votre succès professionnels ?	___	___	___
3. Avez-vous pris votre carrière en main ?	___	___	___
4. Jouissez-vous du respect de vos collègues et de vos supérieurs ?	___	___	___
5. Savez-vous rendre votre travail actuel intéressant ?	___	___	___
6. Établissez-vous un équilibre entre votre travail et votre vie familiale ?	___	___	___
7. Vous intéressez-vous à différents débouchés ?	___	___	___
8. Connaissez-vous tous les détails de votre nouvel emploi et vous faites-vous connaître dans l'entreprise ?	___	___	___
9. Vous informez-vous sur l'organisme qui vous emploie ?	___	___	___
10. Faites-vous en sorte de ne pas laisser des abrutis vous gâcher la vie ?	___	___	___
11. Vous amusez-vous au travail ?	___	___	___
12. Nouez-vous des relations ?	___	___	___

26 stratégies pour transformer son emploi en travail idéal

	Oui	Non	J'essaie
13. Trouvez-vous les mentors dont vous avez besoin ?	____	____	____
14. Êtes-vous rémunéré à votre juste valeur ?	____	____	____
15. Cherchez-vous de nouveaux débouchés dans votre organisme ?	____	____	____
16. Votre travail vous passionne-t-il ?	____	____	____
17. Remettez-vous en question les règlements insensés ou inutiles ?	____	____	____
18. Recherchez-vous des récompenses ?	____	____	____
19. Préservez-vous votre espace vital ?	____	____	____
20. Cherchez-vous à savoir ce que les autres pensent de vous ?	____	____	____
21. Savez-vous écouter ?	____	____	____
22. Connaissez-vous vos valeurs ?	____	____	____
23. Prenez-vous soin de votre santé ?	____	____	____
24. Vous efforcez-vous de combler le fossé des générations ?	____	____	____
25. Cédez-vous parfois du terrain, pour obtenir davantage par la suite ?	____	____	____
26. Cherchez-vous continuellement à accroître votre degré de satisfaction professionnelle ?	____	____	____

Accepteriez-vous de relire un ou deux chapitres ? de prendre quelques mesures supplémentaires ? Pour vous guider, servez-vous de la liste ci-dessus.

Si vous travaillez pour le même employeur depuis au moins six mois, vous avez accumulé un certain avoir (relations, compétences, influence, salaire). Il serait logique de continuer à l'enrichir, dans la mesure de vos possibilités. Si des changements se produisaient (ils sont inéluctables), peut-être devrez-vous modifier votre attitude et votre démarche. Certains chapitres acquerront alors une pertinence accrue. Voyez tout ce que vous pourriez faire avant de songer à lire le dernier chapitre.

**Tous, nous méritons un travail intéressant.
Si le vôtre vous déçoit, ce livre vous suggère de ne pas abdiquer et d'attendre encore avant d'aller voir ailleurs.
Rien ne vous oblige à accepter passivement ce que l'on vous offre. Allez chercher ce dont vous avez envie,
mais commencez par le chercher là où vous êtes.
Votre rêve est peut-être plus près de se réaliser
que vous ne le pensez.**

Porté par un coureur dans le parc Stanley à Vancouver.

Chapitre 27

Si vous devez absolument partir

Malgré tous vos efforts, vous n'en pouvez plus. Vous avez tout essayé (vraiment tout !), mais en vain.

Un instant ! Ne faites rien avant de savoir exactement où vous allez. Si vous devez partir, c'est pour trouver mieux.

> J'étais si malheureuse au travail que j'ai finalement pris la décision de partir, après avoir végété pendant deux ans. J'ai immédiatement commencé à chercher autre chose. J'ai été éberluée de la rapidité avec laquelle j'ai trouvé un autre emploi. Voici près d'un an que je travaille dans cette entreprise. J'y ai retrouvé quelques-uns des problèmes que j'avais fuis. D'autres, entièrement nouveaux, sont apparus. Je suppose que la perfection n'est pas de ce monde.

Lisez attentivement

Si vous avez lu tout ce qui précède, si vous avez répondu à toutes les questions, peut-être savez-vous exactement ce que vous recherchez, à l'intérieur comme à l'extérieur de votre organisme. Quoi qu'il en soit, vous devriez absolument savoir ce qui suit :

- Le genre de travail que vous voulez faire ;
- Le genre de supérieur, d'équipe ou d'environnement que vous recherchez ;
- Les facteurs importants pour vous : l'argent ? la créativité ou les difficultés ? la possibilité d'apprendre ?

Êtes-vous en mesure de définir clairement vos besoins et vos désirs ? Si tel est le cas, vous êtes prêt à explorer le monde extérieur et à choisir l'emploi qui vous convient.

> J'ai demandé à cinq de mes amis ce qu'ils pensaient d'une offre que j'avais reçue. Tous, sans exception, m'ont répondu : « Saute dessus ! Le salaire est fantastique ! » J'y ai réfléchi et j'ai finalement décidé de rester là où je suis. J'ai compris que l'argent n'était que l'un des nombreux facteurs qui contribuent à mon bien-être. Je souhaite également travailler de façon autonome, dans un milieu créatif. Lorsque j'ai analysé mes objectifs et posé certaines questions, j'ai compris que le poste qu'on m'offrait n'arrivait pas à la hauteur de celui que j'occupe actuellement.

Analysez votre avoir. Qu'avez-vous investi dans votre emploi actuel ? Quand serez-vous en mesure de jouir du fruit de vos investissements ? **Posez-vous les questions suivantes :**

- **Mes compétences.** Ai-je des compétences très appréciées ici ? Ai-je fait mes preuves ? Combien de temps faudra-t-il pour me refaire une réputation ?
- **Mes contacts.** Quelle importance est-ce que j'accorde à mes relations ici ? Sera-t-il difficile de me faire de nouveaux amis et de trouver des collaborateurs aussi intéressants ? Devrais-je me créer une nouvelle clientèle ?
- **Mon influence.** Ai-je de l'influence ici ? Suis-je en mesure d'obtenir les ressources nécessaires ? Suis-je capable de faire valoir mes idées ? Combien de temps me faudra-t-il pour accumuler ce degré d'influence ailleurs ?
- **Mon avoir financier.** Combien d'argent laisserai-je en arrière, sous forme de régime de retraite, d'investissements, de salaire, de primes, d'assurances, etc. ?

Menez l'enquête

Si vous envisagez sérieusement d'aller travailler ailleurs, transformez-vous en détective. Ainsi, vous recueillerez des informations qui vous aideront à faire votre choix en toute connaissance de cause.

✓ Demandez à vous entretenir avec vos futurs coéquipiers. Interrogez-les sur leur travail, leur supérieur, leurs collègues, l'ambiance et l'avenir projeté. Examinez leur langage corporel et essayez de lire entre les lignes. Aiment-ils leur travail ? l'organisme ?

✓ Installez-vous dans le parc de stationnement de l'entreprise, tôt le matin, en fin d'après-midi ou tard dans la soirée. Combien de gens arrivent à l'aube et restent jusqu'à minuit ? Le parc se vide-t-il à 17 heures ? à 22 heures ? Les employés ont-ils l'air contents, épuisés, enthousiastes ou écœurés lorsqu'ils arrivent et lorsqu'ils partent ?

- ✓ Si la compagnie organise parfois des déjeuners ouverts au public, allez-y. Écoutez les conversations qui se déroulent autour de vous. De quoi parlent les employés ? Quelle impression se dégage de l'ensemble ? (Et surtout, quelle est la qualité du repas ?)
- ✓ Essayez d'entrer en contact avec un employé d'une entreprise concurrente. Que pense-t-il de votre employeur éventuel ? Quelles sont ses forces et ses faiblesses ? Interrogez les vendeurs, les clients et d'anciens employés. Posez-leur les mêmes questions.
- ✓ Utilisez Internet. Si votre employeur en puissance est une compagnie publique, téléchargez son rapport annuel et, le cas échéant, faites-vous-le expliquer par un spécialiste. Rendez visite à des sites non conformistes, du genre de www.vault.com, où les employés insatisfaits peuvent se défouler. (Wall Street lit régulièrement le contenu de ces sites !)

Vous lancez-vous à votre compte ?

Si vous envisagez de créer votre propre entreprise, vous devrez également mener votre petite enquête, vous interroger et interroger les autres. Avant de suspendre votre enseigne, n'hésitez pas à jouer au détective, une fois de plus :
- ✓ Bavardez avec d'autres petits entrepreneurs. Quels sont les avantages et les inconvénients ? Quelles erreurs éviteraient-ils si c'était à refaire ?
- ✓ Formulez un plan d'affaires et demandez à des spécialistes de l'examiner, de vous interroger et de vous aider à l'améliorer.
- ✓ Posez-vous les questions suivantes :
  - Suis-je vraiment du type entrepreneur ? Ai-je vraiment la discipline nécessaire ?
  - Est-ce que j'aime travailler seul les trois quarts du temps ?

- L'ambiguïté et l'incertitude me font-elles peur ?
- Est-il normal de ne pas avoir de revenu régulier ?
- Saurais-je me faire connaître ?

Trop de gens se lancent à leur compte parce qu'ils sont dégoûtés du travail salarié ou surmenés dans leur entreprise. Mais sachez que ce genre de travail n'a pas que des avantages. Il présente aussi des risques. Avant de faire le saut, menez votre enquête.

Une dernière fois, avant de remettre votre lettre de démission, examinez vos besoins et vos désirs. Repensez à votre avoir. Parcourez de nouveau ce livre et mettez une nouvelle stratégie en œuvre. Ou expliquez vos idées à quelqu'un d'autre. Peut-être découvrirez-vous ce que vous cherchez, là où vous êtes. (On ne nous accusera pas de ne pas avoir essayé de vous convaincre !)

Allez-y !

Si vous démissionnez, faites-le en toute connaissance de cause. Si l'on vous propose l'emploi idéal, dans un endroit idéal, avec le supérieur idéal, soyez prêt à l'accepter. Une fois que vous saurez exactement ce que vous voulez, menez votre enquête. Ne partez pas avant d'être certain que là où vous allez, l'herbe est véritablement plus verte. Et une fois arrivé, ouvrez de nouveau ce livre. Si vous en avez souligné ou coché des passages, bravo ! C'est lui qui vous aidera à obtenir ce que vous voulez, où que vous soyez.

Table des matières

Utilisez cette table des matières comme une carte routière. Commencez par les deux premiers chapitres, puis lisez les autres dans l'ordre qui vous plaît. Terminez par le chapitre 26. Si vous avez encore la moindre envie de démissionner, lisez le chapitre 27.

Avant-propos 11

Introduction 17

1. Demandez et vous recevrez 23
2. Ne passez pas à côté : prenez-vous en main 33
3. Planifiez votre carrière 39
4. Donnez et vous recevrez : une question de respect 49
5. Mettez votre énergie dans votre travail 55
6. Avez-vous vu votre famille récemment ? 65
7. Ne fermez pas les portes 73
8. Montez à bord 83

9. Soyez informé : branchez-vous ! 91
10. Comptez-vous des abrutis dans votre entourage ? 101
11. Vous amusez-vous ? 109
12. Nouez des relations 115
13. Trouvez un mentor 123
14. Estimez-vous à votre juste valeur 133
15. Découvrez de nouveaux horizons 141
16. Aimez ce que vous faites 149
17. Faites valser les cathédrales ! 157
18. Récoltez votre récompense 163
19. Protégez votre espace vital 171
20. Cherchez à connaître la vérité 179
21. Ouvrez bien les oreilles 187
22. Respectez vos valeurs 193
23. Pensez à votre santé avant tout 203
24. Initiez le dialogue avec les générations X, Y, Z 213
25. Apprenez à céder 221
26. Avez-vous atteint le sommet ? 227
27. Si vous devez absolument partir 233

Achevé d'imprimer au Canada
en juillet 2004
sur les presses des Imprimeries Transcontinental Inc.